Matthias Heitmann

Zeitgeisterjagd

Auf Safari durch das Dickicht des modernen politischen Denkens

TvR

1. Auflage
© TvR Medienverlag, Jena 2015
www.TvRMedienverlag.de
Endredaktion: Dr. Holger J. Thuss
Einbandgestaltung: Lutz Heckelmann, hock-heckelmann.de,
unter Verwendung einer Fotografie aus fotolia.com/ art9858
Druck und Bindung: UAB „Baltijos Kopija", Vilnius
Printed in Lithuania
All rights reserved.
ISBN 978-3-940431-53-0

Inhalt

Viele Menschen sind unglücklich,
weil sie nicht abstrahieren können.

Immanuel KANT

Vorwort

Na, neugierig? Ich auch. Chronisch neugierig sogar. Ich habe extra dieses Buch geschrieben, weil ich so neugierig bin. Neugierig auf Sie und darauf, ob Sie bereit sind, sich ungewohnte Gedankengänge zeigen zu lassen und ob Sie sich darauf einlassen, Ihre Umwelt mal auf fast zugewucherten oder erst noch anzulegenden Wegen zu erkunden, fernab der öffentlichen Schlagwortschlägereien und des zähflüssigen Mainstreams. Wenn Sie einem solchen Unterfangen eine Chance geben wollen, heiße ich Sie auf dieser Safari durch das Dickicht des zeitgenössischen politischen Denkens herzlich Willkommen.

Die „Zeitgeisterjagd" testet mal eher politisch, mal eher philosophisch oder auch persönlich, aber hoffentlich immer provokant und pointiert die Grenzen des zeitgenössisch akzeptierten Denkens aus. Dabei werden verschiedene Themenlandschaften durchstreift, um den Zeitgeist in seinen verschiedenen Gewändern und Tarnungen aufzuspüren. Der ausgearbeitete Parcours ist für alle Menschen gedacht, die vermuten (oder zumindest darauf hoffen), dass der Mund nicht nur dazu da ist, um ihn sich verbieten zu lassen oder Schaum vor ihm zu tragen, dass die Ohren nicht nur dafür da sind, um sie zu durchtunneln, dass der Verstand nicht nur dazu da ist, um angesichts von Angst und Krise der Emotion nachgeschaltet zu werden, und dass der Mensch mehr kann als „typisch menschlich" scheitern.

Um aber den Geist unserer Zeit auch tatsächlich zu entdecken, ist es hilfreich, sich nicht mit dem Offensichtlichen und Augenscheinlichen zu begnügen und reflexartig auf das zu reagieren, was wir meinen, wiedererkennen zu können. Dies ist auch der Grund, warum alle laut dröhnenden Schlüsselbegriffe, die uns als die Zutaten moderner öffentlicher Schlagabtausche bekannt sind, in diesem Buch fehlen. Es ist gut möglich, dass dem einen oder anderen die markigen Sprüche der heutigen Streitkultur als Orientierungshilfen fehlen werden. Aber vielleicht empfinden manche auch gerade das als wohltuend, daran erinnert zu werden: Es gibt nicht nur entweder sprachliche Klarheit oder inhaltliches Niveau. Die Elfenbeintürme stehen nicht abgeschottet im Niemandsland, sondern es führen Wege hinein und heraus.

Ich habe dieses Buch für Leser geschrieben, die weder beraten noch gecoacht, sondern ernstgenommen werden wollen und die ein Interesse daran haben, selbst zu denken und sich herausfordern und inspirieren zu lassen. Es ist all denen gewidmet, die das Bedürfnis verspüren, sich nicht nur mit den vorhersehbaren Plattitüden des eingeübten Schubladendenkens zufriedenzugeben. Herausgekommen ist dabei weder ein pädagogischer noch ein therapeutischer Ratgeber, in dem erklärt wird, wie man sich in einem Dschungel zurechtfindet oder wie man Zeitgeister jagt. Wenn überhaupt, dann ist dieses Buch eine Anstiftung dazu, genau das selbst herauszufinden und auszuprobieren. Mehr braucht es auch nicht. Oder haben Sie schon einmal davon gehört, dass Kinder Expertenliteratur konsultieren und Gutachten einholen, bevor sie verbotenerweise auf einen Baum oder über einen Zaun klettern?

Das Selbstdenken funktioniert ähnlich dem Auf-Bäume-Klettern. Man kann hoch hinaus kommen, sich aber auch blutige Knie (und auch Nasen) holen, den Kürzeren ziehen oder als Verlierer von dannen humpeln. Aber es deswegen nicht noch einmal versuchen? Das hätten wir uns früher als Kinder natürlich nie zugestanden! NIE! Warum also heute? Wer auch immer Sie sind: Klettern Sie doch einfach mal wieder gedanklich auf einen Baum oder einen Zaun, genießen Sie die frische Luft, den neuen Ausblick, den weiten Horizont – und das leicht verruchte Gefühl der Freiheit.

Ich freue mich jedenfalls, wenn Sie dieses Buch dazu anstiftet. Schließlich braucht man immer irgendjemanden, der einen ermutigt. Ich schätze mich glücklich, gleich von mehreren Menschen über einen langen Zeitraum auf unterschiedlichste Art dazu angestiftet worden zu sein. Meinen Eltern bin ich dankbar dafür, dass sie mich trotz ihres Kopfschüttelns, ihres Unverständnisses und auch ihres

Zweifels am Ende doch meinen Weg gehen ließen und mir nie aus Missbilligung oder aus Fürsorge Steine in den Weg legten. Insgeheim hofften sie wohl, der Junge werde schon irgendwo ankommen, wie auch immer (den Nachweis hierfür zu liefern ist wohl eine lebenslange Aufgabe).

Dankbar bin ich auch den Menschen um mich herum, die mich mit ihrer emotionalen und intellektuellen Brillanz inspiriert haben und es noch tun. Insbesondere möchte ich mich bedanken bei Eva Balzer, die mit dazu beigetragen hat, dass die Idee zu diesem Buch überhaupt entstand, die sich mit den Artikelentwürfen mehrfach kritisch auseinandergesetzt und mich herausgefordert hat, die Argumentationen immer noch ein Stückchen weiterzuentwickeln; bei meiner Partnerin Daniela Cardillo, die mir in vielen Gesprächen liebevoll-eindringlich zu verstehen gab, ich solle mich „gefälligst" klarer und nachvollziehbarer ausdrücken, was mich dazu motivierte, viele Dinge noch gründlicher zu durchdenken und manchmal auch anders zu sehen; bei Lutz Heckelmann für den freundschaftlich-kritischen Rat und das kreative inhaltliche Mitdenken bei der Ausarbeitung des Gesamtkonzepts; und bei Philipp Reisinger für die spontane Bereitschaft, das fast fertige Manuskript eines „fast Fremden" kritisch zu lesen und sich des Themas begeistert und klug anzunehmen.

Und nicht zuletzt bin ich auch all jenen Menschen dankbar, die in vielen Diskussionen und Gesprächen mit mir nicht übereingestimmt und mich vehement kritisiert und verurteilt haben. Ohne es zu wollen, sind es auch sie, denen ich die Inhalte dieses Buches verdanke. Und auch wenn sie es wahrscheinlich nie lesen werden: Ich habe versucht, es so zu schreiben, als täten sie es heimlich doch.

Matthias Heitmann
Frankfurt am Main, 2015

Zeitgeisterjagd – warum eigentlich?

> Je stärker der Zeitgeist, desto
> schwächer, ja verwundbarer
> erscheint der einzelne Mensch.
> Hermann J. HIERY, Historiker

„Zeitgeist" – schon das Wort ist irgendwie diffus, mysteriös, mystisch vielleicht, jedenfalls ohne eindeutige Konturen. Und obwohl es nicht klar umrissen ist, so haben doch viele Menschen eine eigene, ungefähre Vorstellung von seiner Bedeutung. Zumindest beflügelt es also die Fantasie. Vielleicht ist das auch der Grund, warum es – unübersetzt – Eingang in mehrere Sprachen gefunden hat, u.a. sowohl ins Französische als auch ins Englische, ins letztere sogar als Adjektiv („zeitgeisty"). Google findet den Begriff mehr als fünf Millionen Mal. So viel Verwendung der Begriff auch findet, so schwierig ist es, seine Bedeutung genau zu definieren. Und dennoch sollte ein Buch mit dem Titel „Zeitgeisterjagd" genau dies zu Beginn tun – die Jagdgesellschaft will ja zumindest grob wissen, in welchem Terrain und was gejagt wird. Und warum.

Was ist „Zeitgeist"?

Bevor wir lange im Sumpf herumstochern – warum nicht zunächst einmal die großen Dichter, Denker und Philosophen zu Rate ziehen? Denn bei ihnen wird man fündig: Als Schöpfer des Begriffs gilt der Dichter und Philosoph Johann Gottfried von Herder (1744-1803), der den Zeitgeist in seiner 1769 erschienenen Schrift „Kritische Wälder oder Betrachtungen, die Wissenschaft und Kunst des Schönen betreffend, nach Maßgabe neuerer Schriften" als „die Eigenart" einer bestimmten Epoche erklärte.

Dass für ihn „Zeitgeist" ein Begriff mit einem gewissermaßen eingebauten negativen Vorzeichen war, brachte er in der auch heute noch verwendeten Redewendung „der bleierne Druck des Zeitgeistes" zum Ausdruck. Herder meinte damit das Phänomen, dass sich eigentlich emanzipierte, sich von religiösen Bindungen lösende Menschen trotz der zumindest theoretisch erlangten Freiheit des Denkens aus dieser neu gewonnen Unendlichkeit zurückziehen, sich dem Zeitgeist unterordnen und die damit verbundenen Einschränkungen, wenn auch nicht unbedingt einfordern, so doch zumindest geschehen lassen.

Auch Johann Wolfgang von Goethe (1749-1832) hob die einschränkende Natur des Zeitgeistes hervor: „Wenn eine Seite nun besonders hervortritt, sich der Menge bemächtigt und in dem Grade triumphiert, dass die entgegengesetzte sich in die Enge zurückziehen und für den Augenblick im Stillen verbergen muss, so nennt man jenes Übergewicht den Zeitgeist, der denn auch eine Zeitlang sein Wesen treibt." („Schriften zu Literatur und Theater"). Gleichzeitig aber betonte Goethe, dass „Zeitgeist" letztlich eine begriffliche Überhöhung sei. In „Faust I" lässt er den Gelehrten Heinrich Faust aus lauter Verzweiflung darüber, dass die Wissenschaft nicht erklären könne, „was die Welt im Innersten zusammenhält", zur Magie greifen und den Erdgeist anrufen, freilich, ohne von diesem ernstgenommen zu werden. Gegenüber seinem wissenschaftsgläubigen Famulus Wagner, der sich gerne in den „Geist der Zeiten" hineinversetzen würde, um dessen Weisheit, Vorgehensweise und Plan zu erkennen, erklärt Faust abfällig (577-579):

Was ihr den Geist der Zeiten heißt,
das ist im Grunde der Herren eigener Geist,
in dem die Zeiten sich bespiegeln.

Der Philosoph Georg Wilhelm Friedrich Hegel (1770-1831) sah im Zeitgeist den sich in der Geschichte entfaltenden „objektiven Geist", eine Art kollektives Bewusstsein oder auch „Weltgeist", wozu er neben den jeweiligen Formen der Moral und der Sittlichkeit in erster Linie auch das Gesetz und den Staat zählte. In „Vernunft in der Geschichte" schrieb er über den Zeitgeist, dieser sei „nur ein Geist, ein Prinzip, welches sich im politischen Zustand ebenso ausprägt, wie es sich in der Religion, Kunst, Sittlichkeit, Geselligkeit, Handel und Industrie manifestiert. Es ist der eine substantielle Geist einer Periode, eines Volkes, einer Zeit, der sich auf vielfältige Weise gestaltet. ... Aus dem Substantiellen seiner Zeit kommt niemand heraus, so wenig wie aus seiner Haut."

Der Philosoph, Psychologe und Pädagoge Wilhelm Dilthey (1833-1911) verstand unter dem „Geist einer Zeit" „die Begrenzung, in welcher die Menschen einer Zeit in Bezug auf ihr Denken, Fühlen und Wollen leben. ... Unvermeidlichkeiten regieren hier über den einzelnen Individuen" („Der Aufbau der geschichtlichen Welt in den Geisteswissenschaften"). Wie einengend diese zeitgeistbedingten „Unvermeidlichkeiten" sein können, sprach der britische Schriftsteller Aldous Huxley (1894-1963) offen aus: Für ihn war der Zeitgeist „ein gefährliches Biest", und er wünschte sich, „seinen Klauen entfliehen zu können".

Dem Dichter und Publizist Karl-Heinz Söhler (1923-2005) wird ein lakonischer Vierzeiler zugeschrieben, der die innere Distanz zum Zeitgeist mit wenigen Worten umfassend ausdrückt:

Den Zeitgeist lass' getrost geschehen
Und die Erkenntnis in dir reifen:
Du brauchst nicht mit der Zeit zu gehen
Es ist nur klug, sie zu begreifen.

Noch kürzer und pointierter fasst es der Schriftsteller Hans Magnus Enzensberger (geb. 1929) zusammen:

Etwas Bornierteres als den Zeitgeist gibt es nicht.

Dem Phänomen des „Zeitgeistes" haftet also, wenn man diesen so unterschiedlichen, aber allemal zitierbaren Herren in etwa folgen mag, das Gefühl der Enge, der Schwere und der Begrenztheit sowie das Moment der Abkehr von und des Rückzugs aus der weiten Welt des Möglichen und Denkbaren, aber auch des Undurchschaubaren, Zweifelhaften, Brüchigen und Unbeeinflussbaren an. Dieses Gefühl des Richtungsverlusts als Einfallstor des Zeitgeists betont auch der Philosoph, Autor und Mitherausgeber des Historischen Wörterbuchs der Philosophie, Ralf Konersmann. Seiner Meinung nach springt seit 250 Jahren überall dort „der Zeitgeist-Begriff ein, wo andere Orientierungen fehlen". Er sei „ein Vorschlag zur Güte", der sich dazu anbiete, „an die Stelle der großen Erzählungen, die wir verloren haben, kleine Erzählungen von begrenzter Geltungsdauer zu setzen".

Den Aspekt der Verlorenheit in der modernen Welt und die daraus entstehende, beinahe ängstliche Sehnsucht nach schlüssigen, aber auch nischen- und lückenlosen Gewissheiten stellt auch Hermann Joseph Hiery von der Universität Bayreuth in der Einleitung zu dem vom ihn herausgegebenen Sammelband „Der Zeitgeist und die Historie" (2001) heraus: „Mit dem Zusammenbruch der erfahrbaren und bekannten Grenzen schwindet auch Nähe, Vertrautheit, Gemütlichkeit. ... In dem Maße, in dem der Einzelne die Ereignisse der ihn umgebenden größer gewordenen Wirklichkeit immer weniger zu beeinflussen vermag, werden die Entwicklungen für ihn auch immer undurchschaubarer. Was das Verhalten seiner Welt prägt, hängt so offensichtlich vom Zeitgeist ab, wie der Wandel von Verhaltensstandards und Verhaltensregeln beobachtbar bleibt, aber nicht gesagt werden kann, woher dieser kommt und wer oder was ihn bedingt."

Die Betonung von Verhaltensregeln macht für Hiery den fließenden Übergang von der Orientierungssuche in ein gesellschaftliches Denken aus, das andere Orientierungen ausgrenzt, um sich seiner selbst zu vergewissern: Der Zeitgeist wird, da er „das Nonkonforme nicht nur genauer beschrieb, sondern auch als eine wirkliche oder angebliche Minderheit ausgrenzte, ... deshalb in unserer Zeit eher noch bleierner empfunden als früher. Es liegt etwas Totalitäres, Krakenhaftes in ihm. Je stärker der Zeitgeist, desto schwächer, ja verwundbarer erscheint der einzelne Mensch."

Der Zeitgeist beinhaltet also Annahmen, Verhaltenserwartungen, Moralvorstellungen, Tabus und Glaubenssätze, die eine bestimmte Epoche einer Gesellschaft prägen und die sich direkt auf das einzelne Individuum auswirken, aber gleichzeitig auch von ihm getragen werden. Da sich der Zeitgeist jedoch kontinuierlich weiterentwickelt, ohne als solcher jemals direkt und offen zutage zu treten, erscheinen seine Grenzen als fließend. Dennoch hat er in der Regel einen inhaltlichen Kern und folgt, wie Hegel es formulierte, einem „Prinzip", das seinen historisch spezifischen Charakter formt. Womit wir bei der zweiten Frage angelangt wären, die es zu klären gilt:

Was zeichnet den heutigen Zeitgeist aus?

Natürlich streiten sich die Geister immer darüber, was den Zeitgeist ausmacht. Zur Beschreibung eines ersten Charakterzuges sei noch einmal Hermann Joseph Hiery zitiert: „Gelegentlich", schrieb er, „kann man sich des Eindrucks nicht erwehren, als käme dem Zeitgeist in Demokratien eine Art Totalitarismusersatz zu; als diene er als Vorwand und Ausrede für keineswegs unbestimmte und plötzlich entstehende allgemeine Tendenzen, sondern für durchaus zielgerichtete Bestrebungen, unpopuläre und nicht mehrheitsfähige Vorstellungen und Ideen durchsetzungsfähig zu machen. ... [D]er Anpassungsdruck, der durch den Zeitgeist befördert werden kann, stellt ihn zweifellos in eine gewisse Nähe zur sogenannten ‚political correctness' unserer Tage."

Da Zeitgeist in der Regel mitsamt seinem Hang zur Intoleranz gegenüber zeitgeistkritischen Abweichungen gedacht und diskutiert wird, will eigentlich niemand in dem Verdacht stehen, ihm einfach so unkritisch nachzulaufen. Kaum jemand würde öffentlich von sich behaupten wollen, ein Anhänger oder gar ein Produkt des Zeitgeistes zu sein, denn das bedeutet ungefähr so viel wie: sich gezielt auf die Seite der moralisch Mächtigen und Guten stellen, die Macht und ihren Einfluss nutzen, um das Leben und Denken der Menschen von oben herab zu prägen. Wer das vollmundig von sich behauptet oder anstrebt, darf sich der grundsätzlichen Skepsis gegenüber „der Macht" und „den Mächtigen" sicher sein.

Viel besser kommt an, sich als „Querdenker" und als Teil einer gegen den Strom schwimmenden und im Meinungsstreit hoffnungslos unterlegenen Minderheit zu positionieren. Sicherlich ist dies eine Eigenart des heutigen Zeitgeistes: Nahezu jeder nimmt für sich in Anspruch, ihm nicht zu folgen, sondern ihm widerstehen und sich ihm entgegenstellen zu wollen. Oder anders formuliert: Der Zeitgeist sind immer die Anderen.

Aber wer ist denn nun aber zeitgeistnah und wer nicht? Ganz so gleichermaßen „zeitgeistkritisch" können inhaltliche Widersacher ja nicht sein. So viel Platz ist an den Außenseiten des gesellschaftlichen Denkens nicht, als dass sich jeder als Außenseiter positionieren könnte. Dieses Pochen auf die eigene Andersartigkeit erinnert ein wenig an den uralten Witz von den Hunderten von Geisterfahrern, die einem auf der Autobahn entgegenkommen. Aber mal im Ernst: Wenn alle querdenken, was ist dann eigentlich quer? Wer trägt denn den Zeitgeist, wenn alle so zeitgeistkritisch sind?

Wenn der Zeitgeist all die Annahmen, Verhaltenserwartungen, Moralvorstellungen, Tabus und Glaubenssätze beinhaltet, die eine bestimmte Epoche einer Gesellschaft prägen, müsste er sich inhaltlich an dem orientieren, was mehrheitlich von den Mitgliedern einer Gesellschaft gedacht, geglaubt, gewünscht und angestrebt wird. Dass beispielsweise die Welt grüner und ökologischer werden solle, ist dann fraglos ein wichtiger Bestandteil des modernen Zeitgeists. Dass die Welt bedroht sei ebenso, und auch, dass die Menschen ein gerüttelt Maß Mitschuld an dieser Bedrohtheit hätten, weshalb ein globales Umdenken unumgänglich sei. Und dies nicht nur in Bezug

16

auf unseren Umgang mit der Natur, unser Wirtschaften und unser Konsumieren. Auch im Umgang mit und unter uns selbst sollten wir mehr Mäßigung zeigen, mehr Achtsamkeit und Demut walten lassen, mehr Emotionalität in unserer so hochtechnisierten und brutalen Welt zulassen. Weniger Härte, weniger Stress, weniger kalten Rationalismus, weniger Wachstum, weniger Egoismus, weniger Wettbewerbs- und Leistungsdenken, weniger dumpfe Männlichkeit, kurzum: weniger typisches Menschengehabe.

Was denken Sie? Sind Ansichten wie diese Bestandteile des heutigen Zeitgeistes, oder hat im Kampf um die moralische Autorität und um die Köpfe eher die Gegenseite die Nase vorn, die mehr Rationalität, mehr Männlichkeit, mehr Ambitioniertheit und Ehrgeiz predigt? Ich bin mir in dieser Frage ganz sicher: Es ist eindeutig der Wunsch nach weniger „typischem Menschengehabe", der den heutigen Zeitgeist prägt. Das sieht man allein schon daran, dass man selbstbewusste Verteidiger gegenteiliger Vorstellungen kaum mehr antrifft – sieht man von einigen wenigen Ausnahmen ab, von denen noch dazu viele nicht der Rede wert sind.

Und auch, wenn sich die Vertreter der „postmodernen" Moral kontinuierlich in der Defensive wähnen, die gelegentlichen verzweifelten Rückzugsgefechte der Gegenseite als breite und machtvolle Gegenoffensive („Backlash") missverstehen und meinen, gegen das zurückschwingende Pendel angehen zu müssen – ihre Sorge ist unbegründet. Aber auch gerade dies entspricht dem Zeitgeist. Mehr noch: Es ist bemerkenswert und eine weitere Besonderheit unserer Zeit, dass nur wenige Menschen heute die gängigen Vorstellungen und Beschränkungen des Zeitgeistes wie einst Aldous Huxley als entfliehenswürdig oder aber mit den Worten Enzensberger als unschlagbar borniert bezeichnen würden.

Und doch gibt es Menschen, die dies tun, und es gibt noch mehr Menschen, die dies zumindest manchmal denken. Ihnen und all jenen, die manchmal darüber nachdenken, eigentlich auch so denken zu müssen, es aber schwierig finden, sich mit Argumenten gegen den „bleiernen Zeitgeist" aufzulehnen, ist dieses Buch gewidmet.

Warum den Zeitgeist jagen?

Es wird höchste Zeit, auf „Zeitgeisterjagd" zu gehen. Der aktuelle Zeitgeist mag sich noch so bemüht als lebensbejahend, friedliebend, ganzheitlich, modern und zukunftsorientiert darstellen, er mag sich noch so sehr als „wissenschaftlich bewiesen" und als unumgänglich und „alternativlos" präsentieren – er ist es nicht. Und er schießt nicht nur über sein Ziel hinaus und schüttet das Kind mit dem Bade aus, sondern er behauptet auch, um bei diesem Bild zu bleiben, dass Kinder erst gar nicht gebadet werden sollten, da dies potenziell umweltschädlich und gefährlich und den Eltern nicht zu trauen sei.

Den Zeitgeist zu jagen bedeutet nicht: alles niedermachen, was modern und neu ist und zu den angeblich „guten alten Zeiten" zurückzukehren, also quasi auf dem bisherigen Pfad zu bleiben und nur umkehren zu müssen. Denn wie wir alle wissen, haben diese guten alten Zeiten so niemals existiert. Zeitgeisterjagd bedeutet für mich, den Weg zu verlassen, der uns einengt und nicht weiterbringt, es bedeutet, neue, bessere und inspirierende Wege zu suchen oder zu bereiten, etwas zu riskieren und zu experimentieren. Es geht nicht darum zu finden, was wir suchen; es geht darum herauszufinden, was wir suchen wollen und künftig brauchen werden. Und dazu müssen wir mitunter das hinterfragen, was wir glaubten, bereits gefunden zu haben.

Betrachtet man die einzelnen inhaltlichen Bestandteile, auf denen der heutige Zeitgeist beruht, so fallen einem die Untiefen auf, die Einseitigkeiten und Halbwahrheiten, die teilweise sehr moralischen, ja fast religiösen Standpunkten, von denen er abhängt. Und wenn man diese einzelnen Aspekte kritisiert, bekommt man sehr schnell den tatsächlichen Charakter unseres Zeitgeistes zu spüren.

Er richtet sich nicht etwa gegen die Umweltzerstörung, den Krieg, die Ungerechtigkeit oder sonst eine der großen Geißeln der Menschheit, auch wenn er sich gerne damit schmückt. Analysiert man den Zeitgeist ein wenig genauer, entdeckt man, dass sein eigentliches „Prinzip" in dem kontinuierlichen Infragestellen und Kritisieren des eigenständig denkenden, ambitionierten, freiheitsliebenden und seine eigenen Weg suchenden Individuums besteht. Der heutige Zeitgeist präsentiert sich als ein überaus gesellschaftskritischer, aber ohne es zu sein: Seine Kritik richtet sich nicht gegen gesellschaftliche Missstände und Strukturen, sondern entspricht einer Abneigung gegen den Menschen und das Menschsein an sich. Für eine solche Geisteshaltung gibt es einen Fachbegriff: Misanthropie. Sie ist das dem Zeitgeist des frühen 21. Jahrhunderts zugrunde liegende Leitmotiv oder „Prinzip".

Trotz aller bunter, freundlicher wie auch wissenschaftlich-rational gestalteter Fassaden ist der moderne Zeitgeist in vielerlei Hinsicht ein klassischer Vertreter seiner Zunft: Er produziert „Enge" im Denken, ein bleiernes Gefühl der Schwere, und sogar in besonderer Intensität das Gefühl der Schuld, der Angst und der Ausweglosigkeit – und dazu noch, im Gegensatz etwa zu seinen christlich geprägten Zeitgenossen, ohne jede Chance auf Erlösung.

Sein inhaltlicher Fokus liegt auf der prinzipiellen Ablehnung des „traditionellen Menschengehabes". Diese Ablehnung, die noch dazu mit „wissenschaftlicher Erkenntnis" untermauert und mit der immer wiederkehrenden Betonung versehen wird, man habe keine Zeit zu verlieren, sonst sei man verloren, geht so weit, dass schon die bloße Existenz von Abweichlern als unzumutbar empfunden wird. Ganz zu schweigen von der Aufforderung, sich einer kritischen Debatte zu stellen.

Selten zuvor in der Geschichte war zeitgeistkritisches Denken so unpopulär wie heute. Der immer häufigere Gebrauch des Begriffes „Leugner", der fast schon instinktive Reflex, unbequeme Ansichten zu verdrängen, mundtot zu machen oder zu verbieten, Debatten für beendet zu erklären oder virtuelle Pranger zu errichten, sind Ausdruck der enormen intellektuellen bzw. eher anti-intellektuellen Enge, in der wir leben. Die zeitgleich stattfindenden Eingriffe in persönliche Freiheiten und Rechte, die natürlich unserem eigenen Schutz dienen sollen, gießen diesen Zeitgeist in Gesetzestexte.

Doch all das führt nicht dazu, dass kritisches Denken und das Eintreten für das Recht auf die eigene Meinung unmöglich wäre. Ganz im Gegenteil: die Jagd auf eine bräsige, phlegmatische und sich nicht zuletzt wegen ihrer freundlichen Tarnung als unbesiegbar wähnende Beute, die vergessen hat, dass sie natürliche Fressfeinde hat, verspricht, interessant zu werden. Sie aus der Reserve locken, damit ihre Tarnung auffliegt, ist der erste Schritt. Der zweite besteht darin, ihre Enttarnung publik zu machen, damit die Menschen die Chance haben, den Zeitgeist als das zu erkennen, was er in Wirklichkeit ist: eine Barriere auf dem Weg in eine bessere, selbstbestimmte Zukunft.

Das Schöne am Zeitgeist ist seine prinzipielle Flüchtigkeit. Er mag noch so „bleiern" auf der Welt lasten, letztlich ist er, wie Hegel sagte, kein Gesetz, sondern doch „nur ein Geist". Jeder Mensch hat seinen eigenen, mit dem er das Grenzendenken unserer Tage überwinden kann. Daran können ihn nichts und niemand auf der Welt hindern.

Querdenken neu gedacht

Wir alle lieben Querdenker –
wenn sie seit mindestens 50
Jahren tot sind.

Elliot ARONSON, Psychologe

Früher mag Elliot Aronson mit dieser Aussage richtig gelegen haben, heute hat er tendenziell eher Unrecht. Denn dieser Tage sind Querdenker bereits zu Lebzeiten „mega-in": Jeder, der etwas auf sich hält, bezeichnet sich heute in irgendeiner Form als Querdenker oder hält es für wichtig, auf seine eigene, ganz persönliche „rebellische Ader" und darauf hinzuweisen, wie viele Lichtjahre zwischen ihm und dem heutigen Zeitgeist liegen.

Querdenker bevölkern zunehmend die Öffentlichkeit: Keine auch nur halbwegs anspruchsvolle Gesprächsrunde kommt ohne sie aus. Von ihnen wird Erhellendes wie Unterhaltsames erwartet: Sie sollen ein paar kritische Fragen stellen oder leicht provokante Positionen ergreifen, ohne die grundsätzliche Bequemlichkeit der Talkrunde zu gefährden. Sie sollen die öffentliche Meinung, auch „Mainstream" genannt, ein wenig herausfordern und reizen, um so zu verhindern, dass sich alle in Plattitüden verlieren sich allzu oft im Kreise drehen.

Szenen einer Ehe: die Entstehung des „Querstreams"

Es gilt als chic, ein solcher „Komfortzonen-Rebell" zu sein. Aber es ist Vorsicht geboten: Die „Offenheit" hat Grenzen, und die sind enger und undurchlässiger als häufig gedacht. Dies spürt man insbesondere dann, wenn Themen gestreift, Standpunkte angegriffen oder Säulenheilige angerempelt werden, die als „wichtig", „unstrittig" und „alternativlos" gelten. Ganz schnell passiert es dann, dass die Einladung zur Kritik zurückgezogen wird. So ist es gemeinhin akzeptabel, den Papst dafür zu kritisieren, dass er der katholischen Kirche vorsteht und ihre Werte verteidigt, den Staat Israel dafür, dass er nicht mit selbsterklären Antisemiten verhandeln will, oder den Normalverbraucher dafür, dass er normal verbraucht. Die gängige Kritik am Mainstream ist mittlerweile selbst so „Mainstream" geworden, das beide kaum mehr auseinanderzuhalten und ohne einander zu denken sind: Ich nenne das Resultat des Zusammenfließens aus Mainstream und „akzeptierter" Kritik: „Querstream".

Üblicherweise funktioniert das Zusammenspiel aus Mainstream und der liebgewonnenen Kritik an ihm wie folgt: Eine der beiden Seiten schlägt eine gewisse Haltung vor, woraufhin die andere Seite dann beklagt, dies gehe nicht weit oder schnell genug oder sei ja gar nicht so gemeint und in Wirklichkeit gehe es um das Gegenteil, oder aber man habe dies nur entschieden, um öffentliche Zustimmung zu erhalten und der Gegenseite den Wind aus den Segeln zu nehmen.

Über die grundsätzliche Ausrichtung von Entscheidungen scheint es hingegen kaum noch grundlegende Konflikte zu geben, nur noch über die Motivation, sie zu treffen. Im Grunde ist man sich – mit den für Demokraten „zulässigen" Schwankungen – einig, weshalb es ja auch als ehernes Gesetz gilt, demzufolge demokratische Kräfte immer und überall zum Kompromiss, zum Konsens und damit auch zur Zusammenarbeit fähig und bereit sein sollen.

Dieser „Konsensdrang" prägt alle öffentlichen Debatten: Sie werden auf einem genau abgesteckten Terrain, der Konsens- oder Komfortzone, ausgefochten. Und auf diese Rituale wird größter Weg gelegt: Denn aus dem Widerstreit zwischen dem Mainstream und seinen vermeintlichen Gegnern ziehen beide Seiten eine nicht zu vernachlässigende Menge an Selbstbewusstsein und identitätsstiftender Energie. Beiden ist dabei häufig nicht bewusst, dass sie schon seit Ewigkeiten nicht mehr politische Widersacher, sondern in Wirklichkeit Grenzpfosten einer zunehmend eingeebneten Konsenslandschaft sind und den jeweils anderen brauchen, um die eigene Existenz zu rechtfertigen. Und die Existenz von Grenzpfosten (im Plural) ist wichtig: Man braucht mindestens zwei, um einen Zaun zu errichten.

Mut zum Fremddenken

Aber wehe, Sie übertreten die Schranken dieser akzeptablen Kritik! Dann erleben Sie, wie dünnhäutig dieser scheinbar so kritikfreudige und flexible moderne Meinungsstrom bei manchen Themen auf Andersdenken reagiert. Dies geschieht interessanterweise insbesondere in Bereichen, in denen sich über Jahre und Jahrzehnte eine bestimmte Art der Kritik so eng mit dem bzw. den Kritisierten verwoben hat, dass die Beteiligten kaum noch voneinander zu trennen sind. Die starke Sogwirkung dieses „Querstreams" kann jeder für sich testen, am besten dadurch, in dem er es wagt, den Bereich üblicher, „akzeptierter" Meinungen zu verlassen: Wenn Sie sich beispielsweise in einer beliebigen, gut gemischten Runde zu der Aussage verleiten lassen, es würde sie als notorischen Nichtkirchgänger skeptisch stimmen, wenn der Papst plötzlich begänne, katholische Institutionen wie den Zölibat aufzuweichen und seine Ablehnung der Schwulenehe zu hinterfragen, so werden sie Unverständnis ernten – sowohl bei Katholiken als auch bei Nichtkatholiken, möglicherweise aber am meisten bei Atheisten.

[Einschub: Als ich diese Passage schrieb, war im Vatikan noch nichts von einer möglichen Aufweichung der katholischen Haltung gegenüber der Homosexualität und auch noch nichts davon zu spüren, dass öffentlicher Druck, insbesondere aus nichtreligiösen Kreisen, Bischöfe in Deutschland zu Fall bringen kann. Dies erscheint mir auch im Nachhinein eigentlich immer noch als so unvorstellbar, dass ich mich bis heute weigere, diese Passage aus dem Text zu löschen.]

Ähnlich viel Unverständnis dürfte Ihnen auch dann entgegenspringen, wenn Sie kund tun, dass Sie als gesundheitsbewusster und sportbegeisterter Mensch die ganze Aufregung über Doping oder

Gentechnik nicht nachvollziehen können. Oder lassen Sie doch in einer Unterhaltung über Umweltschutz einmal den Kommentar einfließen, dass man hierzulande von einem Waldsterben eigentlich nicht sprechen könne, da sich im Vergleich zum 14. Jahrhundert der Anteil der mit Wald bedeckten Flächen in Deutschland mehr als verdoppelt hat und weiterhin in jedem Jahr eine Fläche in der Größe der Stadt Karlsruhe hinzukommt. Alternativ können Sie auch in trauter Runde den Versuch unternehmen, die Redefreiheit von Islamisten und Neonazis oder die Freie Marktwirtschaft zu verteidigen oder aber als Nichtraucher die staatlichen Rauchverbote kritisieren.

Oder aber Sie argumentieren, dass die Fleischindustrie keine Tötungsmaschinerie ist, sondern sie im Gegenteil in enger Verbandelung mit moderner Gentechnik dafür sorgt, dass es überhaupt Rinder, Schweine und Hühner in der heutigen Stückzahl gibt und mithin unser Fleischkonsum Leben ermöglicht. Ich versichere Ihnen, die Unterhaltung wird interessanter und der Ton rauer werden, Sie werden Unverständnis und Intoleranz ernten und so mit den Befestigungsanlagen des „Querstreams" unangenehme Bekanntschaft machen.

Aber wie ist es zu erklären, dass auf der einen Seite ein großes Interesse an kritischen Fragen und am Anzweifeln von Gewissheiten besteht, es aber gleichzeitig viele Bereiche gibt, in denen in fast mittelalterlich anmutender Vehemenz gegen Andersdenkende argumentiert wird? Und woher kommt es, dass auch und gerade Menschen, die sich als „Querdenker" und als „kritisch" bezeichnen, selbst nur zu gerne bereit sind, ihnen missfallende Äußerungen mit lautem Getöse mundtot zu machen? Dies ist eine Kernfrage, mit der sich dieses Buch auseinandersetzt.

An dieser Stelle möchte ich mich zunächst auf erste konkrete Gegenmaßnahmen gegen die zunehmende Verengung des Diskussions-Spielraums konzentrieren. An allererster Stelle steht auf meiner Liste: die Gedanken- und die Meinungsfreiheit verteidigen, egal wessen und egal welche Meinung dies betrifft. Für diese Freiheit streitet man am Effektivsten, in dem man sie nutzt und so mit Leben füllt, und nicht dadurch, dass man sie einfordert. Für Freiheit gibt es

24

keinen Lieferservice, und sie wird auch nicht verliehen, auch, wenn viele von sich behaupten, so spendierfreudig zu sein. Freiheit ist kein Almosen, Freiheit ist Beute, und sie wird erstritten.

Gegen die Versteinerung des Denkens

Ich habe immer wieder die Erfahrung gemacht, dass in Gesprächen über Gott und die Welt sich gerade diejenigen als besonders intolerant, diffamierend und unsachlich erweisen, die von sich in Anspruch nehmen, zu den kritischsten Querdenkern zu gehören. Wenn es etwas gibt, das diese Querdenker nicht ertragen, dann ist es, aus einer unerwarteten und „undenkbaren" Richtung, gewissermaßen „quer zum Querstream", konfrontiert zu werden.

Mitunter gehen die so Überraschten so weit, Toleranz gegenüber Andersdenkenden und Sachlichkeit im Umgang mit aus ihrer Sicht „unerträglichen" Ansichten rigoros abzulehnen. Der Eindruck, man könne heute immer mehr grundsätzlich hinterfragen und kritisieren, ist also ein trügerischer. Trügerisch insofern, als dass die Beliebtheit von Querdenkern und des Kritisierens vieler alter Gewissheiten und Traditionen einhergeht mit einer eigentümlichen Verengung und Versteinerung des Denkens.

Wer an diese Versteinerung des Denkens rührt, wird nicht selten mit emotionalen Wutausbrüchen und stillosen Tiefschlägen konfrontiert. Hierbei werden alle altbekannten Register der Geringschätzung gezogen. Dass viele alte Zuschreibungen heute nur noch wenig brauchbar sind, zeigt sich schon allein an der Anzahl der verschiedensten Schubladen, in die man gesteckt werden kann, wenn man aus welchen Gründen auch immer einer bestimmten vorherrschenden Meinung entgegentritt.

Ich persönlich bin zwar ein leidenschaftlicher Debattierer und Streiter, aber nicht unbedingt einer, der bei jeder sich bietenden Gelegenheit gleich auf direkten Konfrontationskurs geht. Dennoch erfüllt mich die Liste der „Beschimpfungen", mit denen ich in den letzten Jahren gerade auch von sogenannten „Querdenkern" bedacht wurde, ein wenig mit Stolz. Ich wurde schon als Kommunist und Kapitalist beschimpft, als Rechtskonservativer und Linksextremer, als Planwirtschaftler und Marktanarchist, als unverbesserlicher Optimist und Schwarzmaler, als Frauenfeind und Frauenversteher, als Zahlen-Fetischist und Fakten-Relativierer; manche meinten, mir mitleidvoll den Kopf tätscheln zu wollen, und andere sagten mir voraus, ich würde im nächsten Leben als Fledermaus wiedergeboren. Und träfen auch nur einige der entrüsteten Vermutungen bezüglich der Motive meines Schreibens und Redens zu, ich stünde bei mehreren Großunternehmen und Lobbyverbänden auf der Gehaltsliste.

Wenn selbsternannte Querdenker hochherrschaftlich über einen ihnen nicht genehmen Standpunkt „herfallen" und ihn diffamieren, so bedeutet das natürlich keineswegs, dass der Provokateur unbedingt Recht oder etwas von Belang gesagt hat. Sicherlich lohnenswert ist es jedoch, sich in solchen Fällen die Meinung des entrüsteten Querdenkers einmal genauer vorzunehmen und sie zu hinterfragen. Und genau darum soll es ja gehen.

Ergebnisoffenes Hinterfragen bedeutet, dazu bereit zu sein, die zahllosen einzelnen Punkte, Themen, Probleme und Lösungen, die wir heute in der Welt sehen, neu zu denken und zu verbinden, ohne dass es einen genauen Plan gibt, was daraus werden kann. Malen ohne Zahlen sozusagen, und Denken auf eigene Rechnung. Wenn man dieses Spiel nur weit genug treibt, kann daraus ein Themennetz entstehen, das vielleicht ein bisschen mehr Halt vermittelt und von dem aus man sich eventuell zutraut, Punkte in anderen Bereichen näher zu betrachten.

Die Freiheit, die dadurch entsteht, dass vorgefertigte Verbindungsvorschläge an Allgemeingültigkeit verlieren, lässt sich für die eigene Kreativität nutzen. Die Welt wird für Sie schon allein dadurch eine andere, dass Sie sich die Freiheit nehmen, frei über sie nachzudenken, dieses Denken kund zu tun und andere Menschen zu inspirieren und, wenn man so will, zu „infizieren". Und mit „frei" meine ich: jenseits von Quer- und Mainstream, und fernab des Zeitgeistes.

Bist Du genauso anders wie ich?

Ich nicht!

Unbekannt

Es ist eine der großartigsten Szenen von „Das Leben des Brian", dem Kultfilm der britischen Komikergruppe Monty Python aus dem Jahr 1979, der den Dogmatismus religiöser und politischer, vornehmlich linker Gruppierungen grobschlächtig und scharfsinnig zugleich auf die Schippe nimmt. Der vermeintliche und zutiefst unfreiwillige „Messias", Brian, wendet sich an die Menschenmenge, die sich vor seiner Haustür versammelt hat: „Hört zu, Ihr versteht das alles falsch. Es ist wirklich nicht nötig, dass Ihr mir folgt. Es ist völlig unnötig, einem Menschen zu folgen, den Ihr nicht einmal kennt. ... Ihr seid doch alle Individuen!"

Die Menschen antworten im Chor: „Ja, wir sind alle Individuen!" Brian bekräftigt sein Statement, damit es auch jeder versteht: „Und Ihr seid alle völlig verschieden!" Die Menge ruft unisono: „Ja, wir sind alle völlig verschieden!" Und hier tritt der oben zitierte Unbekannte auf den Plan und ruft nach dem kollektiven Verschiedenheitsgelübde hörbar laut: „Ich nicht!", worauf ihn seine Nachbarn sofort eindringlich zum Schweigen auffordern und auch bringen.

Wer hat in dieser Szene eigentlich Recht? Die Menschen in der Masse, die im Chor ihre Individualität beschwören, oder der einzelne Unbekannte, der die seine verneint? Natürlich würde jeder von uns behaupten, dass wir alle, jeder für sich, ganz unabhängig und ganz individuell und einzigartig sind, dass wir selbst entscheiden, jeder für sich, und dass Menschen noch nie so viel entscheiden konnten und so viel individuelle Freiheit hatten wie heute. Oder etwa nicht? Nun ja, schon – solange niemand ernsthaft aus der Reihe tanzt. Aber wer macht schon so was? Für die meisten Menschen scheint die Frage daher geklärt: Niemand will sich seine Individualität streitig machen lassen, sie gilt neben der eigenen Authentizität, also der unverstellten charakterlichen Echtheit, als einer der zentralen Werte unserer Gesellschaft.

Dennoch muss ich gestehen, dass ich mich manchmal ein wenig fühle wie der „Ich nicht!"-rufende Unbekannte aus der Menschenmenge vor Brians Haus. Und immer wieder stelle ich verwundert fest, dass, obwohl alle Menschen so auf ihrer Einzigartigkeit pochen, sie sich in dem, was sie mögen, tun und sagen, in dem, wie sie sich kleiden und was sie wichtig finden im Leben, doch erstaunlich ähnlich sind, was nicht unbedingt für eine ausgeprägte Unabhängigkeit und Individualität spricht. Woran liegt das?

Tatsächlich ist ein Großteil der Prozesse, die die heutige Gesellschaft prägen, darauf ausgerichtet, die persönliche Eigenständigkeit systematisch zu untergraben – selbstverständlich, ohne dies so zu nennen. Eine so augenscheinlich unerquickliche Ausrichtung des Zeitgeistes würde niemand tolerieren: Wir werden vielmehr in unserer Eigenständigkeit, Unabhängigkeit und Autonomie „geschützt", wie es heißt.

Doch hinter der Fassade des allgegenwärtigen Schutzes des Individuums findet dessen Aushöhlung statt, nahezu unbemerkt. Und damit meine ich nicht nur die Neurowissenschaftler, die darüber diskutieren, ob wir überhaupt einen freien Willen haben können oder nicht. Ich meine auch nicht nur die Psychologen und Erziehungswissenschaftler, die uns erklären, dass die zentralen Weichen unseres Lebens innerhalb der ersten Lebensjahre gestellt werden, der Zug danach so gut wie abgefahren ist und wir uns daher auf unsere individuelle Entscheidungsfreiheit ohnehin nicht viel einbilden brauchen. Auch von allen möglichen anderen Seiten steht die Autonomie des Individuums unter Beschuss durch ihre „Verteidiger".

Yes, we Kant!

Dabei ist die Idee der Freiheit des Einzelnen alles andere als ein alter Hut, und sie ist auch nicht selbstverständlich. Für sie musste lange gestritten, gekämpft und auch vielfach gestorben werden. Ob der Mensch Freiheit erlangen könne oder nicht, hing nach Ansicht des Philosophen Immanuel Kant (1724-1804) davon ab, ob er selbständig die verschiedenen Formen der Abhängigkeit und der Fremdbestimmung überwindet. Kant beschrieb Autonomie als das Ergebnis eines persönlichen Ringens um Freiheit, und auch als Resultat der Selbstüberwindung.

Aus heutiger Sicht klingt das erst einmal anstrengend. Warum immerzu etwas tun müssen, was den inneren Schweinehund zur Raserei treibt? Warum nicht einfach mal Ruhe geben? Muss man denn unbedingt „autonom" und „unabhängig" sein, auch dann, wenn man dadurch vielleicht so manche Sicherheit und Bequemlichkeit aufs Spiel setzt? Ist man nicht sogar natürlicherweise ein autonomes Individuum?

Dieser und ähnliche Einwände waren Kant durchaus geläufig: Sicherlich, schrieb er in seiner 1784 veröffentlichten Schrift „Beantwortung der Frage: Was ist Aufklärung?", falle es dem Menschen manchmal schwer, „sich aus der ihm beinahe zur Natur gewordenen Unmündigkeit herauszuarbeiten". Aber dennoch forderte er die Menschen genau dazu auf: Jeden einzelnen wollte er ermutigen, sich seines eigenen Verstandes zu bedienen. Durch dieses Zutrauen in die eigenen Fähigkeiten, so argumentierte Kant weiter, sei „Aufklärung" möglich, die nichts anderes bedeute als den „Ausgang des Menschen aus seiner selbst verschuldeten Unmündigkeit".

Wenn es überhaupt irgendetwas gibt, das über jeden Zweifel erhaben ist, dann ist es ja wohl das Ideal der individuellen Autonomie: der Zustand der Selbständigkeit, der Selbstbestimmung, der Unabhängigkeit und der freien Entfaltung. Klingt super, auch wegen der scheinbar einfachen Zubereitung, zu der Kant schrieb: „Zu dieser Aufklärung aber wird nichts erfordert als Freiheit; und zwar die unschädlichste unter allem, was nur Freiheit heißen mag, nämlich die: von seiner Vernunft in allen Stücken öffentlichen Gebrauch zu machen."

So, nun aber genug philosophiert! Liegt doch alles klar auf der Hand. Wer kann denn schon dagegen etwas einzuwenden haben, dass wir alle autonom und aufgeklärt sind? Wir leben doch schließlich in einer Demokratie, die ja dazu da ist, uns all dies zu garantieren und uns vor der Heteronomie, also der Fremdherrschaft, zu schützen. Also alles paletti? Wir gehören uns selbst, oder etwa nicht?

Die lästige Freiheit der Anderen

Wie alles im Leben, so hat auch die persönliche Freiheit mindestens ein Ende und auch mindestens einen Haken. Sie endet da, wo die Freiheit anderer Menschen beginnt. Sie ist also von Natur aus begrenzt. Auch die Demokratie, bei der es bekanntlich um Mehrheiten und nicht um die Verwirklichung des Einzelnen geht, begrenzt die individuelle Freiheit. Umgekehrt ist aber Demokratie ohne Freiheit nicht möglich. Eine solche autonomiefreie Demokratie ließe sich mit den Worten des von mir hochgeschätzten Kabarettisten Vince Ebert etwa so beschreiben: „Zehn Füchse und ein Hase können darüber abstimmen, was es zum Abendessen gibt."

Freiheit dagegen bedeutet in diesem Bild höchstens, „dass der Hase mit einer Schrotflinte die Wahl anfechten kann". Für Füchse und Hasen träfe die Unmöglichkeit von Freiheit und Demokratie sicherlich zu. Geht man aber davon aus, dass Mitglieder einer demokratischen Gesellschaft im eigenen Interesse die Autonomie des anderen respektieren, einander auf Augenhöhe begegnen und somit in der Lage sind, neben Differenzen auch gemeinsame Ziele zu formulieren, dann müssten Füchse von sich aus erkennen, dass sie womöglich von lebenden Hasen mehr profitieren als von erlegten – zugegebenermaßen eine unrealistische Vision.

Wären Füchse und Hasen zu solch langfristigen Erkenntnissen in der Lage und hätten sie Teller, über deren Ränder zu schauen möglich wäre, so könnten die Hasen die Flinte eines schönen Tages getrost ins Korn werfen, ohne anschließend untertauchen zu müssen. Sind sie aber nicht, haben sie aber nicht und können sie daher auch nicht. Nicht umsonst stehen ihre Chancen schlecht, als gleichberechtigte Mitglieder in demokratische Gemeinschaften aufgenommen zu werden. Die Idee der Demokratie beruht auf dem Vertrauen in die Intelligenz des demokratischen Souveräns, also darauf, dass ein jeder sich aus der eigenen Unmündigkeit herauskämpfen kann. So können Mehrheitsentscheidungen langfristig so klug werden, dass sie sich auch für den Einzelnen immer mehr lohnen.

Die Frage lautet also: Sind wir willens, unser Dasein als Füchse und Hasen zu fristen, oder sind wir zu mehr imstande und haben Besseres verdient? Wenn ja, bleibt uns wohl nichts anderes übrig, als für unsere Mündigkeit zu streiten und sie mit Leben zu füllen, sowohl individuell als auch als Gesellschaft. An Kant führt also kein Weg vorbei. Eigentlich.

Und dennoch könnte man bei genauerer Betrachtung der Wirklichkeit behaupten, dass Autonomie, Freiheit und Mündigkeit des Einzelnen nicht gerade die Elemente sind, die unsere heutige Gesellschaft und den sie prägenden Zeitgeist charakterisieren. An immer mehr Stellen, aus immer mehr Gründen und immer weniger weit von dem Ort entfernt, den wir als Kern der persönlichen, ja privaten Autonomie empfinden, werden Pflöcke und Warnschilder in den Boden gerammt, die uns bedeuten: „Bis hierhin und nicht weiter!"

Die Enge der Leere

Kürzlich wurde ich auf einer Toilette eines Restaurants per Hinweisschild am Waschbecken darüber belehrt, dass meine Gesundheit „in meinen (sauberen) Händen" läge und ich diese daher „für mindestens 20 Sekunden mit Seife" einschäumen und dann abwaschen solle. Andernfalls sei nicht nur meine Gesundheit, sondern auch die meiner Mitmenschen nicht mehr garantiert. Ich empfand diesen Hinweis als bedrückend und irgendwie einengend und bevormundend. Meine nur zehn Sekunden lang gewaschenen Hände begannen zu schwitzen. Die eigene Freiheit reicht immer nur bis dahin, wo die Freiheit des anderen beginnt, schrieb Kant ohne jeden Kummer. Wenn das so einfach ist, warum scheint es dann so, als müssten wir immer enger zusammenrücken und als hätte jeder von uns mit immer weniger Freiraum auszukommen? Wer oder was pfercht uns eigentlich ein?

In einer Demokratie müsste die Antwort auf diese Frage lauten: Wir selbst tun es. Und in gewisser Weise stimmt das tatsächlich: Wir selbst ziehen die Schlinge um unsere eigene Freiheit immer enger. Beziehungsweise nicht „wir", sondern „die Anderen": diejenigen, von denen gesagt wird, dass sie uns bedrohen, belästigen, beeinträchtigen, stören, unsere Abwehrkräfte strapazieren und unsere Nerven rauben. Es sind die lauten Nachbarn und die, die man niemals sieht oder hört, es sind die Drängler im Bus, auf der Autobahn und an der Supermarktkasse, von den Kriminellen und denjenigen, die unsere Freiheitsliebe so schändlich ausnutzen, ganz zu schweigen.

Es sind die notorischen Raucher und die militanten Nichtraucher, die Maßlosen und die Asketen, die Bettler und die Reichen, die Kinder und die Alten, der Chef und die Angestellten, die Mächtigen und die Machtlosen, die Übermütigen und die Überängstlichen, es sind die Deutschen und die Ausländer, die Kranken und die Gesunden, die Linken und die Rechten, die Flüchtlinge und die Schlepperbanden, die Gierigen und die Umverteilungswütigen, die Karrieristen und die Faulpelze, die Un- und die Überfreundlichen, die Männer und die Frauen, die Wissenschaftler und die Homöopathen, die Steuerzahler und die -hinterzieher, die Christen, Juden, Moslems, Buddhisten und Atheisten – habe ich noch jemanden vergessen? All diese Leute setzen der individuellen Autonomie Grenzen. Wie machen sie das? Dadurch, dass sie existieren.

Nun könnte jemand einwenden, dass all diese Leute ja nicht erst kürzlich diesen Planeten für sich entdeckt haben, sondern schon vor uns da waren und somit uns und unserer Individualität schon immer die Grenzen aufgezeigt haben. Das stimmt auch, letztlich ist alles schon dagewesen. Aber dafür sind andere wichtige Dinge etwas abhanden gekommen: so etwa die Vorstellung, dass Menschlichkeit und Individualität etwas ist, das man nicht als einzelnes Individuum und für sich, sondern nur innerhalb einer Gesellschaft erreichen und ausleben sowie schützen und schätzen lernen kann. Der Mensch ist ein soziales Wesen, so sehr er sich manchmal auch daneben benimmt. In der Isolation verliert er schnell seine Menschlichkeit.

Autonom oder reif für die Insel?

Wer nachvollziehen möchte, wie wichtig die gesellschaftliche Ausrichtung für das Überleben des Menschen ist, der möge (nochmals) den Roman „Robinson Crusoe" von Daniel Defoe aus dem Jahre 1719 lesen. Verzweifelt versucht der auf einer abgelegenen Karibikinsel Gestrandete, an seiner Zivilisiertheit und somit an seiner Menschlichkeit festzuhalten, was in völliger Isolation unendlich schwierig ist. Dennoch gelingt es ihm, u. a. dadurch, dass er menschliche Gesellschaft und Zivilisation so „simuliert", wie er sie kennt.

Und mehr noch: Er entwickelt seine eigene Zivilisation weiter und überwindet gar ihre Beschränkungen, als er, der zuvor mit Sklaven handelte, einen „Wilden" rettet und ihn zuerst als Diener, später aber auch als Freund in sein kleines Reich aufnimmt. Führt man sich vor Augen, dass dieser Roman in Kürze 300 Jahre alt wird, müsste man Defoe eigentlich als einen extrem futuristischen Science-Fiction-Autor feiern, der im frühen 18. Jahrhundert etwas erdachte, das für uns heute zwar abstrakt richtig, aber in der Praxis noch immer nicht selbstverständlich ist.

Das Fehlen der Erkenntnis, dass Individualität der Sozialität bedarf, weist noch auf einen weiteren Mangel hin: Es fehlt das zumindest unterschwellige Gefühl, dass all diese noch so verschiedenen Menschen gerade deswegen irgendetwas gemeinsam und mit mir als Individuum zu tun haben müssen. Linke wie rechte Politiker beklagen gerne, es fehle an Gemeinschaftssinn und am „Wir-Gefühl". Aber wäre es nicht passender zu sagen: Es fehlt am „Ich-Bewusstsein", am Verstehen der und am Vertrauen in die eigene Eigenständigkeit, am Selbstvertrauen, auf diesem nun einmal nicht menschenleeren Planeten als Individuum bestehen und das eigene Leben mit Sinn füllen zu können, ohne in die innere Immigration zu gehen. Geht ein gesundes „Ich-Bewusstsein" nicht einem starken „Wir-Gefühl" voraus? Wenn schon der Glaube an die eigene Stärke und die eigene Vernunft so stark unter Beschuss steht, wo soll dann der Glaube an „die Anderen" herkommen?

Das Paradoxe an dieser Situation: Je mehr Menschen damit beschäftigt sind, ihre angekratzte, geschwächte und bedrohte Autonomie vor störenden Fremdeinflüssen zu schützen und sich zu verbarrikadieren, desto näher rücken sowohl die Bedrohungen und Beeinträchtigungen als auch die Warn- und Verbotsschilder an sie heran und desto weniger tatsächliche Freiräume bleiben ihnen. Sie wollen mehr Autonomie, und dadurch, dass sie diese defensiv zu verteidigen versuchen, erreichen sie das genaue Gegenteil. Sie können sich auf der Suche nach Raum und Ruhe noch so weit in sich selbst verlieren – sie werden sie nicht finden. Das Schlammbad im Wellness-Tempel ist kaum dazu geeignet, sein Ich wiederzufinden, denn dort ging es nicht verloren.

Es ist heute geradezu unvorstellbar, dass zumindest einige Menschen noch vor ein paar Jahrzehnten, wenn nach Autonomie und individueller Freiheit befragt, in Kategorien wie Arbeitskollegen, Belegschaften, Straßen, Städten, Gruppen, gesellschaftlichen Klassen, Nationen oder sogar als globale Menschheit gedacht haben. Das Verständnis von Autonomie war nicht auf die eigene Person begrenzt, es transzendierte die eigene Persönlichkeit und entwickelte sich im Rahmen von etwas Größerem, es umfasste ganze Gruppen von Menschen und sogar solche, die man noch nie gesehen hatte, oder aber es kristallisierte an Ideen und Visionen.

Fragt man junge Menschen heute danach, wie sie ihre Selbstbestimmung und Individualität ausleben, ist es relativ wahrscheinlich, dass sie auf (manche) ihrer Tattoos und Piercings deuten, mit der Mitgliedskarte des Fitnessstudios, Smartphone oder ihren Autoschlüsseln wedeln, ein „Selfie" schießen oder den Traum vom eigenen, kleinen, freistehenden Häuschen mit Solarzellen, Regenwasseraufbereitungsanlage und abhörsicherem WLAN-Anschluss ausbreiten – vorausgesetzt, sie lassen überhaupt mit sich reden und sind bereit, die Kopfhörer, mit denen sie sich von der Welt abriegeln, abzusetzen.

Den Wunsch nach Individualität und individueller Freiheit haben die Menschen heute noch immer, vielleicht sogar stärker als früher. Nur bedeutet das heute offensichtlich etwas ganz anderes als damals für Kant. Er sah in der Freiheit des Einzelnen das Sprungbrett in die Welt, die es gemeinschaftlich und menschlich zu gestalten galt.

Wer hingegen heute „Autonomie" einfordert, meint eher die Abschottung von der Welt der Menschen und ihren überbordenden Anforderungen, für die man immer weniger bereit ist, Verantwortung zu übernehmen. Und diese Verantwortungslosigkeit ist die logische Folge eines Zeitgeistes, der Misstrauen zum neuen Leitmotiv erhebt und damit jeder menschlichen und sozialen Vorstellung von Freiheit einen Riegel vorschiebt. Dabei ist Autonomie keine Mauer, hinter der sich das Individuum vor der Welt verbirgt. Sie ist im Gegenteil die Tür, durch die der Mensch seine eigene Macht- und Verantwortungslosigkeit verlässt und sich Zugang zur menschlichen Gesellschaft verschafft, um sie zu gestalten.

Individualität wächst, indem sie die Ebene des Einzelnen verlässt und dieser sich als selbstständigen und unverzichtbaren Teil eines größeren Ganzen begreift, das es zu gestalten gilt. Für dieses Verständnis von Individualität gilt es zu kämpfen und zu leben, denn andernfalls droht dem Kantschen „Ausgang aus der selbstverschuldeten Unmündigkeit" die sinnentstellende Umkehrung, gewissermaßen die „selbstverschuldete Flucht aus der Mündigkeit".

Sieben Gründe für die Toleranz

> Man verdirbt einen Jüngling am sichersten, wenn man ihn verleitet, den Gleichdenkenden höher zu achten als den Andersdenkenden.
>
> Friedrich NIETZSCHE, Philosoph

Ja, ich gestehe: Ich diskutiere und streite gerne, vor allen Dingen mit Menschen, die nicht meiner Meinung sind. Man könnte meinen: Ist ja auch logisch, denn wie sonst soll eine lebendige Diskussion entstehen, wenn nicht mit jemandem, der einen anderen Standpunkt vertritt als man selbst? Doch ganz so logisch ist das nicht. Denn immer wieder passiert es mir, dass mir im Verlaufe einer intensiven Debatte vorgeworfen wird, ich sei böse, respektlos und auch „irgendwie intolerant". Nicht etwa wegen meiner Wortwahl, sondern, weil ich gegen einen Standpunkt argumentiere, den ich für falsch halte, und weil ich hartnäckig versuche, meinen Gegenüber von meiner Sichtweise zu überzeugen, also nicht immer unbedingt und sofort einen Konsens anstrebe.

Ist also das Diskutieren mit Andersdenkenden mit dem Ziel, die eigene Sichtweise zu verteidigen und die andere zu widerlegen, ein Akt der Intoleranz? Ist es demnach gerade tolerant, mit Andersdenkenden nicht zu diskutieren, sich nicht intensiv mit ihnen auseinanderzusetzen, sie nicht zu konfrontieren, sondern sie schlicht zu ignorieren? Was bedeutet dann eigentlich Toleranz?

Viele Menschen, die sich für tolerant, weltoffen und liberal halten, haben ein Problem damit, ihnen als intolerant erscheinenden

Menschen mit Toleranz zu begegnen. „Toleranz ja, aber nicht gegenüber Intoleranten!" lautet eine weit verbreitete Ansicht. Diesem Motto folgend gilt Toleranz gegenüber Intoleranten als Feigheit, denn damit, so heißt es, würde man ja seine eigenen Prinzipien verraten und der Intoleranz zum Sieg verhelfen. Aber hieße das nicht im Umkehrschluss, dass ich nur Dinge oder Gedanken tolerieren kann, die ich mag und gutheiße und an denen ich nichts auszusetzen habe? Bedeutet Toleranz, etwas zu mögen und wertzuschätzen?

In der im Herbst 1995 von den Mitgliedsstaaten der UNESCO verabschiedeten „Erklärung von Prinzipien der Toleranz" wird Toleranz in diesem Sinne definiert. Dort heißt es im Artikel 1 u. a.: „Toleranz bedeutet Respekt, Akzeptanz und Anerkennung der Kulturen unserer Welt, unserer Ausdrucksformen und Gestaltungsweisen unseres Menschseins in all ihrem Reichtum und ihrer Vielfalt. (...) Toleranz ist Harmonie über Unterschiede hinweg. Sie ist nicht nur moralische Verpflichtung, sondern auch eine politische und rechtliche Notwendigkeit. Toleranz ist eine Tugend, die den Frieden ermöglicht, und trägt dazu bei, den Kult des Krieges durch eine Kultur des Friedens zu überwinden."

Folgt man dieser Begriffserklärung, hat Toleranz viel mit Harmonie, Frieden und Respekt und wenig mit inhaltlichen Auseinandersetzungen und dem offenen Wettstreit um Ideen zu tun. Mit dem ursprünglichen Wortsinn des lateinischen Verbs „tolerare", das mit „erdulden" oder „ertragen" übersetzt wird, hat dies nicht mehr viel gemein. Es ist auffällig, welchen großen Raum das Streben nach Harmonie in der UNESCO-Erklärung einnimmt. Toleranz erscheint hier fast als eine sozialtherapeutische Verhaltensvorschrift. Stimmt es also, dass ich durch das kontroverse Diskutieren mit Andersdenkenden mich den Gepflogenheiten der Toleranz widersetze, da ich die Harmonie des friedlichen Nebeneinanders von manchmal auch entgegengesetzten Überzeugungen dadurch gefährde?

Die Verwirrung darüber, was Toleranz sein und was sie nicht sein soll, ist groß. Ihr wird viel aufgebürdet und angedichtet, was sie nicht zu verantworten hat und unter dem sie droht, zusammenzubrechen und ihre eigentliche Bedeutung und Rolle zu vernachlässigen. Ich werde nachfolgend versuchen, den Druck, der auf der Toleranz lastet, ein wenig zu reduzieren, um der aus meiner Sicht eigentlichen Bedeutung von Toleranz ein wenig näher zu kommen.

1. Toleranz ist kein Zuckerschlecken

Man kann nur tolerieren, was man kaum ertragen kann – starken Schmerzen, Stress und Strahlung zum Beispiel, oder Arroganz, oder Engstirnigkeit, oder schlechtes Wetter, oder eben abstruse Vorstellungen. Toleranz fällt nicht leicht, weshalb man sie – der Präzision der deutschen Sprache sei Dank – auch nicht einfach so „schenkt", sondern „üben" muss. Etwas zu tolerieren bedeutet also nicht, es auch gut zu heißen, im Gegenteil: Einem Standpunkt die Zustimmung zu verweigern, ist die Voraussetzung für Toleranz. Sie kann überhaupt erst bei Uneinigkeit entstehen. Toleranz fällt also schwer, da sie dem Tolerierenden Mäßigung auferlegt, genau in dem Maße, in dem er sie von seinem Gegenüber fordern würde. Toleranz muss man sich abringen, sie ist keine spontan entstehende Gefühlsregung, sondern sie erfordert Mühe und aktive Auseinandersetzung. Und das Wissen, wofür sie gut ist.

2. Toleranz setzt voraus, dass man Werturteile trifft

Die bekannte Definition von Toleranz, die Voltaire (1694-1778), einem der einflussreichsten Autoren der französischen und europäischen Aufklärung, zugeschrieben wird, bringt eben die geradezu notwendige Ablehnung des zu Tolerierenden zum Ausdruck: „Ich mag verdammen, was du sagst, aber ich werde mein Leben dafür einsetzen, dass du es sagen darfst." Hier setzt sich jemand explizit dafür ein, dass eine von ihm verdammte Aussage auch weiterhin geäußert werden darf. Das Zitat beschreibt also nicht nur das Hinnehmen verhasster Meinungen, sondern das bedingungslose Eintreten für das Recht, diese frei zu äußern.

Der Satz besagt außerdem, dass das Tolerieren sehr wohl das Werten von Aussagen beinhaltet. Um etwas tolerieren zu können, ist eine vorherige Auseinandersetzung und Wertung sogar zwingend notwendig. Wie sonst könnte der Tolerierende wissen, dass er die Aussage, deren Äußerung er verteidigt, „verdammt"? Es ist also gerade die negative Bewertung einer Aussage, die jemanden erst dazu bringen kann, sie zu tolerieren. Das ist eine gute Nachricht, denn viele Menschen, die eine eigene Meinung haben, finden es problematisch, wenn von ihnen „im Namen der Toleranz" verlangt wird, andere Standpunkte nicht zu werten oder herauszufordern, sondern sie einfach so hinzunehmen und als gleichwertig anzuerkennen. Eine solche Forderung im Namen der Toleranz ist falsch: Das unkommentierte und wertneutrale Hinnehmen von anderen Ansichten widerspricht der eigentlichen Idee der Toleranz, denn sie fordert vielmehr die aktive Auseinandersetzung ein. Voltaire war der letzte, der nicht Standpunkten entgegentrat, die ihm nicht passten.

Ein toleranter Mensch darf also nicht nur andere Ansichten werten und ggf. inhaltlich bekämpfen, er muss es eigentlich sogar! Es ist sozusagen die Pflicht eines jeden toleranten Menschen, sich mit ihm unangenehmen Meinungen auseinanderzusetzen, gegen sie zu argumentieren, sich anzustrengen, um sie zu widerlegen und dabei auch den eigenen Standpunkt immer wieder neu zu überprüfen. Das Gegenteil von Toleranz ist somit intellektuelle Faul- und Feigheit.

3. Toleranz unterscheidet zwischen Ideen und Handlungen

Der klassische Toleranzbegriff fordert die Möglichkeit zum freien Handeln, so lange dieses Handeln nicht die individuelle Autonomie anderer verletzt wird. Da Toleranz auf der vollständigen Gedanken-

und Redefreiheit besteht, gelten ihr Gedanken und öffentliche Meinungsäußerungen, ganz gleich welcher Art, offensichtlich nicht als Bedrohungen der individuellen Autonomie anderer. Es wird also deutlich zwischen Ideen und Handlungen unterschieden. Ein toleranter Mensch wird intolerante Weltanschauungen oder Ansichten grundsätzlich ablehnen und sich argumentativ dafür einsetzen, dass sich die Anzahl ihrer Anhänger verringert und sie somit an Relevanz verliert. Dies bedeutet aber nicht, dass er die Anschauung verbietet oder ihre Anhänger umbringt, denn damit würde er nicht nur deren individuelle Autonomie verletzen, sondern auch den Toleranzgedanken verraten und sich somit im Falle eines allgemeinen Meinungsumschwungs im wahrsten Wortsinn sein eigenes Grab schaufeln.

Die Unterscheidung zwischen geäußerten Gedanken und Taten, bzw. die Fähigkeit der Menschen, diese Unterscheidung zu treffen, wird in modernen Diskussionen über Toleranz und Redefreiheit oft infrage gestellt: Kritiker der vollständigen Redefreiheit betonen die beleidigende und verletzende Macht des Wortes, aber auch die Verführbarkeit des Menschen durch Wort und Schrift. Sie verfolgen damit das Ziel, uns vor der zügellosen Macht des Wortes und der Ideen zu beschützen, weil sie davon ausgehen, dass wir dieses Schutzes bedürfen bzw. nicht zwischen Ideen und Handlungen unterscheiden können. Die Betonung dieser Wortmacht führt u.a. zu der Vorstellung, dass Amokläufe unmittelbar auf Computerspiele, ungesunder Konsum auf beschönigende Werbung und gesellschaftliche Gewaltausbrüche direkt auf Versuche der Aufwiegelung und Verhetzung zurückzuführen seien.

Was all diese Vorstellungen gemein haben, ist die Tatsache, dass in ihnen das Individuum als eigenständiger und aktiver Träger von Ideen, Entscheidungen und Handlungen und der Verantwortung dafür kaum mehr vorkommt. Es erscheint lediglich als Opfer oder aber als durch Worte fehlgeleitete und ferngesteuerte Einheit, gewissermaßen als ausführendes Organ. In dem Maße, in dem Menschen das Vermögen, zwischen Gedanken und Handlungen differenzieren zu können, abgesprochen und somit ihre Handlungsautonomie immer stärker begrenzt wird, vergrößert sich der Schutzraum, den man ihnen zugestehen zu müssen glaubt. Der Mensch gilt heute als weniger robust, als weniger entscheidungsfähig und als verletzlicher und schutzbedürftiger. Der klassische Toleranzbegriff geht hingegen davon aus, dass die individuelle Autonomie durch die Rede- und Meinungsfreiheit eben nicht gefährdet, sondern durch sie gestärkt wird, da sie an Herausforderungen wachsen kann.

4. Toleranz bedingt die Freiheit des Einzelnen – und umgekehrt

Warum sollen wir eigentlich tolerant sein, wenn uns das außer Ärger und Anstrengung nur wenig bringt? Meine Antwort auf diese Frage lautet: Weil jeder Mensch die Freiheit haben möchte, eigenständig zu denken und seine Gedanken zu äußern. Und weil jeder Mensch auch selbst entscheiden möchte, was er hören, sehen und lesen mag und was nicht.

Meinungs- und Redefreiheit beschreibt nicht nur die Freiheit des Sich-Äußernden, sondern im gleichen Maße auch die Wahlfreiheit des Hörers/Lesers/Betrachters. Und entweder alle Menschen haben diese Freiheit, oder keiner hat sie. Mitte des 19. Jahrhunderts betonte der englische Philosoph und Ökonom John Stuart Mill (1806-1873) die Bedeutung der individuellen Freiheit im Zusammenhang mit dem Toleranzgedanken. Spätestens seit Mill bezieht sich Toleranz nicht nur auf den Umgang mit unterschiedlichen Gruppen, sondern auf das Verhältnis zwischen Gruppen und Individuen sowie zwischen Individuen.

Interessanterweise muss man in der UNESCO-Erklärung von 1995 sehr lange nach dem „Individuum" suchen. In ihrer eindeutigen Schwerpunktsetzung auf den harmonischen Ausgleich von Gruppeninteressen interpretiert sie Toleranz als konfliktvermeidende Anweisung zum rücksichtsvollen Umgang mit gesellschaftlichen Gruppen –

was einer grundlegenden Abkehr von der Interpretation Mills wie auch Voltaires gleichkommt. Eine solche Umdeutung des Toleranzbegriffes zugunsten des gesellschaftlichen Konfliktmanagements führt aber in ihrer logischen Konsequenz zu einer Pervertierung der Freiheitsidee der Toleranz.

Es geht bei wirklicher Toleranz darum, die individuelle Meinungs- und Redefreiheit und damit auch das Individuum zu achten und seine Autonomie zu verteidigen. Wenn aber individuelle Freiheitsrechte hochgehalten werden sollen, ist es kontraproduktiv, Individuen sogenannten Großgruppen, „Kulturen" „nationalen Identitäten" oder „Minderheiten" unterzuordnen. Dies suggeriert, als ob diese Zusammenhänge homogen wären bzw. „Kulturen" oder „nationale Identitäten" kaum Raum für Individualität und Freiheit böten.

Wer Menschen derart in solche Gruppen einordnet und sie „abstempelt" und „einsperrt", stärkt damit nicht nur freiheitsfeindliche Tendenzen innerhalb von Großgruppen – durch Ausgrenzung und Verallgemeinerung –, sondern schwächt damit zugleich seine eigene Freiheit, die darauf basiert, die Welt nicht durch Scheuklappen zu sehen und nicht gängigen Vorurteilen zu erliegen. Es geht der Toleranz nicht um einen rücksichtsvollen Umgang mit oder um Indifferenz gegenüber vermeintlich homogenen Gruppenidentitäten, sondern um die freie Entfaltung des Individuums – sozusagen der kleinsten vorstellbaren „Minderheit" – als tragender Säule einer freien Gesellschaft. Somit verhindert gesellschaftlich praktizierte Toleranz auch, dass Demokratie in eine „Tyrannei der Mehrheit" und somit in eine Gleichschaltung der Gesellschaft umschlägt.

5. Toleranz dient nicht der Konfliktverhinderung, sie ist die Grundlage für das zivilisierte Austragen von Konflikten

Eine tolerante Gesellschaft ist kein konfliktfreies und harmonisches Paradies. Toleranz setzt voraus, dass man sich eben nicht einig ist, und sie schlägt eine grundsätzliche Haltung vor, wie man mit unterschiedlichen und sich widersprechenden Aussagen und Überzeugungen umgehen kann. Sie verfolgt nicht das Ziel, verschiedene und sich widersprechende Ansichten auszumerzen, deren Entstehen zu verhindern und somit Konflikte zu vermeiden. Im Gegenteil: Toleranz setzt die Verschiedenheit von Ansichten und Vorstellungen und Menschen voraus. Und dadurch, dass sie Vielfalt zulässt, ermöglicht sie, dass Meinungskonflikte ausgetragen werden können.

Da die Menschen verschieden sind, wird es auch immer verschiedene Ansichten geben. Auf dieser Verschiedenheit beruht die Idee der Demokratie, und sie beinhaltet neben dem Dissens auch die Möglichkeit, dass Menschen in der und durch die Auseinandersetzung Gemeinsamkeiten entwickeln. Wären sich alle Menschen jedoch grundsätzlich und immer einig, gäbe es weder Toleranz noch Demokratie. Eine Gesellschaft, in der alle gleich denken, ist unfrei und intolerant, da sie dem einzelnen Individuum keine praktische Möglichkeit bietet, eine andere als die allen eigene Sicht- und Lebensweise kennenzulernen und ggf. übernehmen zu wollen.

6. Toleranz stärkt den Toleranten und den Tolerierten

Toleranz ist keine altruistische Geste, mit der der Tolerierende dem Tolerierten einen Gefallen tut – sozusagen „auf eigene Kosten". Sie ist vielmehr Ausdruck der Überzeugung, dass es Unterschiede bedarf, um individuelle Autonomie überhaupt zu entwickeln, eigene Erfahrungen zu machen und „eine Wahl" zu haben. Somit fördert und fordert Toleranz die moralische wie intellektuelle Robustheit des Tolerierenden: Sie schärft dessen Denk- und Argumentationsvermögen, denn sie verlangt ihm die inhaltliche Auseinandersetzung mit ihm nicht genehmen Sichtweisen ab.

Echte Toleranz fördert und fordert die Stärke des Toleranten. Sie hat aber auch einen positiven Effekt auf den Intoleranten, denn dieser wird in einer toleranten Gesellschaft gewissermaßen dazu „gezwungen", als gleichberechtigtes Mitglied am Wettbewerb der Ideen teilzunehmen, um sich Gehör zu verschaffen. Hierdurch wird ihm die Möglichkeit genommen, sich angesichts einer ihm angeblich entgegengebrachten Intoleranz in die „soziale Schmollecke" zurückzuziehen und seine „Unterdrückung" zu beklagen. Toleranz ist also, wie es der deutsche Journalist Wolfram Weidner (geb. 1925) einmal formulierte, „die Stärke, die man dem politischen Gegner wünscht".

Toleranz befördert auf gesellschaftlicher Ebene die lebendige Auseinandersetzung mit den Herausforderungen der Gegenwart und der Zukunft. Der Wettbewerb um die besten Ideen und Konzepte kann aber nur funktionieren, wenn er unbeschränkt möglich ist und weder durch Dogmen noch durch Denk- oder Sprachverbote beschränkt wird. Gesellschaftliche Toleranz ist daher keineswegs, wie oft argumentiert wird, ein Indiz für den Zerfall gesellschaftlicher Werte oder für die fehlende Fähigkeit einer Gesellschaft, ihre Werte zu verteidigen. Sie ist im Gegenteil der bei Weitem effektivste Weg, wie sich eine Gesellschaft ihrer eigenen Fundamente – ganz gleich ob politischer, ökonomischer oder geistiger Art – immer wieder aufs Neue vergewissern bzw. sie schrittweise verändern und an neue Gegebenheiten anpassen kann.

Kritiker der Toleranz bezweifeln gerade diese für das Toleranzüben erforderliche moralische und intellektuelle Robustheit sowie manchmal auch das Interesse von Individuen wie auch der Gesellschaft an einer solchen Auseinandersetzung. Deshalb nehmen Forderungen nach Entwertung des Toleranzgedankens – also nach Begrenzung von Meinungs- und Redefreiheit, etwa durch Parteiverbote, staatliche oder zivile Zensur – häufig die Form des Minderheiten- und Opferschutzes an, der gegenüber der intoleranten Mehrheit durchgesetzt werden müsse. Diese sicherlich vielfach wohlmeinende Argumentation ordnet jedoch wiederum das Individuum – in diesem Fall das „schutzbedürftige" – einer vermeintlich schutzbedürftigen Gruppenidentität unter. Dies ist nicht nur intolerant, sondern entwertet gerade die individuelle Autonomie, die zu beschützen und zu stärken man sich zur Aufgabe gemacht hatte. In ähnlicher Weise zieht das Schutz-Argument auch die Toleranz- und Freiheitsfähigkeit der Gesellschaft infrage. Vermeintlich „intoleranten Mehrheiten" mit toleranz- und freiheitsfeindlichen Argumentationen und Vorkehrungen zu begegnen, wird aber weder die Bereitschaft noch die Fähigkeit stärken, den Toleranzgedanken ernster zu nehmen.

7. Toleranz ist ein lohnenswertes Risiko

Toleranz ist ein Wert an und für sich. Sie stärkt sowohl die individuelle Autonomie als auch das gesellschaftliche intellektuelle Gefüge. Sie ernster zu nehmen bedeutet, ein positiveres Verhältnis zur Freiheit und ein größeres Vertrauen in die eigenen Standpunkte, in die eigene Lernfähigkeit sowie in die der Menschen insgesamt zu entwickeln. Dies bedeutet aber auch, Risiken in Kauf zu nehmen und den Wettbewerb der Ideen nicht zu scheuen. Nur der freie Mensch läuft Gefahr, seine Freiheit zu verlieren. Aber nur er kann sie auch verteidigen.

Nachdenken in Zeiten ohne Bedenkzeit

Zum Nachdenken keine Zeit haben heißt, keine Zeit haben zu sehen, wohin man geht, weil man zu viel damit zu tun hat, dorthin zu gelangen.
Unbekannt

Wenn jemand etwas „bedächtig" oder „bedacht" tut, so heißt das im Sprachgebrauch etwa so viel wie: Dieser Jemand ist clever genug, sein Handeln so langsam und entspannt wie möglich zu gestalten, ohne dass man ihm bewusste Trödelei vorwerfen kann. Bedächtig wird zumeist als Umschreibung der Geschwindigkeit einer Handlung, einer Bewegung oder eines Prozesses verwendet. Natürlich ist das nur die halbe Wahrheit. Denn in Bedachtheit steckt das Wort denken ja schon drin. Bedacht ist, wer nachdenkt und nachgedacht hat, wer sich auf etwas besinnt, etwas abschätzt, etwas erfassen und ermessen möchte. Schlägt man Synonyme für Bedachtheit und Bedächtigkeit nach, fällt auf, dass diese eigentlich nur recht wenig mit Tempo zu tun haben, sondern vielmehr inhaltliche und auch eher wertschätzende Aussagen treffen über den „bedächtig" Handelnden, über seine bestimmte Herangehensweise an Dinge oder Tätigkeiten. Synonyme für Bedachtheit sind zum Beispiel: Umsichtigkeit, Besonnenheit, Ruhe, Weitsicht, Überblick, Fassung, Gelassenheit, Gemessenheit, Überlegung.

Als Todfeind jeder Bedachtheit gilt die hohe Geschwindigkeit, die heute als allgegenwärtig empfunden wird. Sie und der durch sie verursachte Zeitdruck, so heißt es, führen zu unbedachtem Handeln,

46

zu Kurzsichtigkeit und Kurzfristigkeit sowie zu fehlender Gründlichkeit. Und gerade weil ja heute alles so schnell gehen muss, liegt die Vermutung nahe, dass vieles immer unfertiger und oberflächlicher wird. Dabei gelten Gründlichkeit und die dafür notwendige Bedachtheit eigentlich als ehrenwerte Tugenden. Es ist unbestritten, dass Dinge einigermaßen gewissenhaft überdacht, hin und her gewälzt und immer wieder überprüft werden sollten, bevor man sie in die Welt entlässt. Allein in Deutschland sichert diese unbestreitbare Annahme Hunderttausenden Menschen ein gehobenes Einkommens- und ein sicheres Rentenniveau.

Ist Denken unzeitgemäß?

Wie kann es also sein, dass etwas, das gemeinhin für notwendig erachtet wird, dennoch etwas sein soll, für das es sich heute zu streiten lohnt? Warum ist die Bedachtheit eine bedrohte Einstellungsart? Oder vielleicht täuscht der Eindruck auch und die Zusammenhänge sind ganz anders als gemeinhin gedacht: Wäre es nicht vorstellbar, dass nicht etwa die Beschleunigung der Bedachtheit den Garaus macht, sondern umgekehrt das fehlende Verständnis für größere Zusammenhänge erst das Gefühl hoher Rasanz erzeugt? Ist mangelnde Weitsicht Ursache oder Konsequenz gefühlt hoher Geschwindigkeit?

„Kommt Zeit, kommt Rat" beruhigt ein altes Sprichwort. Ganz so leicht ist es natürlich nicht. „Zeit" bietet keine Gewähr dafür, dass mehr und zielgerichtet nachgedacht wird. Sie kann genauso gut mit Behäbigkeit und Phlegma einhergehen und „Unrat" zeitigen. Probleme können ebenso schnell und erfolgreich angegangen wie erfolglos „ausgesessen" werden. Zwar haben Neurophysiker in Versuchen herausgefunden, dass Menschen nicht unendlich schnell denken können, sondern die Verschaltungsdichte im Gehirn die Geschwindigkeit der Gedanken nach oben begrenzt. Da aber nur die wenigsten Ereignisse, auf die wir mit Bedacht reagieren sollten, in Lichtgeschwindigkeit passieren, ist davon auszugehen, dass eigentlich fast immer hinreichend Zeit für den einen oder anderen kleinen Gedankengang bleibt. Das biologisch bedingte Tempolimit des Denkens ist keines, das uns in der Praxis ausbremst – dafür sind wir Menschen viel zu erfindungsreich: Längst haben wir „künstliche Intelligenzen" geschaffen, die für uns in vielen Bereichen ans Limit gehen.

Dennoch: Hektik und Zeitnot sind beliebte Erklärungen für viele sich eventuell später als falsch herausstellende Entscheidungen. Tatsächlich aber ist es in den seltensten Fällen akuter Zeitmangel, der „überstürzt" und „unbedacht" erscheinende Entscheidungen hervorruft. Ihr Zustandekommen wird zwar im Nachhinein häufig damit gerechtfertigt, man „habe schnell auf ein Ereignis reagieren" müssen. In den meisten Fällen wurden diese Entscheidungen jedoch schon lange, bevor ihr vermeintlicher Auslöser eintrat, als mögliche Optionen in Betracht gezogen.

Die im März 2011 als Folge des durch einen Tsunami ausgelösten Reaktorunfalls im japanischen Fukushima eingeleitete deutsche Energiewende ist ein gutes Beispiel hierfür: Große Hektik und Geschäftigkeit entfaltete sich nach dem Unfall in dem Tausende Kilometer entfernten japanischen Unglücksort. Doch die Entscheidungen, die hierzulande gefällt wurden, waren keineswegs grundlegend neue, und sie hatten strenggenommen mit den Ereignissen in Japan auch nichts zu tun. Vielmehr konnte man den Eindruck gewinnen, als habe manch einer nur auf einen geeigneten Anlass gewartet, die in die Jahre gekommenen und leicht vermoosten Konzepte der Umstellung auf regenerative Energien mit frischem Wind und neuer Legitimation aus den Schubladen ziehen zu können.

Zeitdruck ist in der Regel ein künstlich erzeugter Eindruck. Hätte es selbst angesichts eines angenommenen Zeitdrucks nicht mehrere Möglichkeiten gegeben, sich zu entscheiden, spräche man nicht von Entscheidungen, sondern von Zwangläufigkeiten. Zwangsläufige Entscheidungen gibt es nicht. Die wenigsten zuvor undenkbar und unwahrscheinlich erscheinenden Entwicklungen und Ereignisse –

der philosophische Essayist Nassim Nicholas Taleb (geb. 1960) nennt sie „schwarze Schwäne" – passieren, ohne dass der Mensch entscheiden kann, wie darauf zu reagieren ist. Ein Blitzschlag aus heiterem Himmel lässt einem keine Wahl, alles andere in der Regel schon.

Denken braucht Wahlmöglichkeiten

Vergessen wir also für einen Moment den Faktor Zeit. Viel spannender ist die Frage, wie es mit unserer Fähigkeit bestellt ist, uns verschiedene Entscheidungsmöglichkeiten zu vergegenwärtigen, und wodurch diese Fähigkeit beeinflusst wird. Warum tun wir uns mit dem zielführenden Nachdenken über Alternativen so schwer? Und warum sind wir nur selten bereit, uns für ein solches Nachdenken Zeit zu nehmen, und warum ergeben wir uns lieber sehenden Auges in die gerade heute so oft beschworene „Alternativlosigkeit"?

Ein wichtiger Baustein zur Erklärung des Mangels an Bedachtheit und des Nachdenkens über alternative Möglichkeiten hört auf den Namen „Effizienz". Effizient zu sein bedeutet, Dinge richtig zu tun. Gerne verwechselt wird die Effizienz mit der Effektivität, also damit, die richtigen Dinge zu tun und somit Wirksamkeit zu erreichen. Vieles, was als effizient gilt, ist nicht besonders wirksam oder sinnvoll. Oder, wie der US-Ökonom Peter Ferdinand Drucker (1909-2005) es formulierte: „There is surely nothing quite so useless as doing with great efficiency what should not be done at all."

Man könnte auch andersherum sagen: Es kann durchaus effektiv sein, Dinge weniger effizient zu tun, etwa dadurch, dass man über Alternativen nachdenkt, verschiedene Möglichkeiten abwägt, „schwarze Schwäne" bedenkt und sich Zeit für die Entscheidungsfindung nimmt. Die Beantwortung der Frage, ob etwas effektiv ist, bedarf des Blickes auf die Wirkungen, also auf den Einfluss, den das Handeln auf der anderen Seite des Tellerrandes hat. Die Frage, ob etwas effizient ist, konzentriert sich hingegen stärker auf das unmittelbare Funktionieren, auf die Wirtschaftlichkeit des Dings oder des Prozesses und nicht auf dessen Einordnung in die Welt.

Vielleicht ist es das, was manchmal fehlt: das Einordnen der Dinge und Überzeugungen in die Welt, um so deren Relevanz zu bestimmen. Womit wir wieder bei den Synonymen der Bedachtheit wären. Wenn die Fähigkeit, der Wille oder die Einsicht in die Notwendigkeit, in größeren oder auch abstrakteren Zusammenhängen weitsichtig oder besonnen zu denken, schwach ausgeprägt sind und stattdessen die Konzentration auf das Unmittelbare, Konkrete und Kleine überwiegt, darf es nicht verwundern, wenn Bedachtheit auf fehlende Geschwindigkeit und Zielgerichtetheit, also auf Ineffizienz reduziert wird.

Ungeduld ist die Angst vor den Früchten der Bedachtheit

Ein anderes Puzzleteil, das zum Verstehen mangelnder Bedachtheit beitragen könnte, ist der stark ausgeprägte Hang zu panischen Überreaktionen sowie die damit in Zusammenhang stehende chronische Ungeduld. Viele Menschen neigen dazu, Ereignisse und Probleme zu dramatisieren – obwohl sie manchmal nur zu gut wissen (könnten), dass die Lage so dramatisch gar nicht ist. Sie tun es aber dennoch, und zwar aus taktischen Gründen, nämlich, weil sie das Ende der Bedenkzeit und endlich Veränderungen sehen wollen, da sie glauben, dass sich ohne Drama nichts bewegen lasse und sie so etwas Positives bewirken könnten.

In der Politik, aber auch im Alltagsleben ist das Dramatisieren ein beliebtes Instrument, um unliebsame Debatten abzuwürgen. „Wir haben keine Zeit, noch lange über Ursachen zu debattieren, wir müssen jetzt handeln!" lautet das häufig genutzte Credo, wenn – zuweilen durchaus zweifelhafte – Maßnahmen ergriffen werden. Und auch hier ist die Verdrehung der Wirklichkeit mit Händen zu greifen: Weil die Entscheidung eigentlich schon gefällt ist, man aber bislang vor der Umsetzung zurückschreckte, nutzt man einen sich bietenden Anlass, um einen Zeitdruck aufzubauen, in dem das Diskutieren und das Erwägen anderer Optionen als verantwortungslos, ja als Barriere auf dem Weg zur Überwindung oder zur Entschärfung der Krise dargestellt werden kann.

Das Problem daran ist nicht einmal, dass so hin und wieder abgrundtief falsche Entscheidungen getroffen und durchgesetzt werden. Viel schlimmer ist, dass der nur allzu bequeme Weg, Entscheidungsprozesse mit den Mitteln der Panik „effizient" zu gestalten, dazu führt, dass die Bereitschaft und die Fähigkeit, Entscheidungen auf anderen, wohl bedachten Wegen herbeizuführen, insgesamt abnimmt. Abnehmend ist im Übrigen auch die Qualität der meisten schnell getroffenen Entscheidungen. Diese Entwicklung lässt sich in der Politik gut beobachten: Den Raum, „Fakten" gründlich und kritisch zu prüfen und ernsthaft über Alternativen zum scheinbar Offensichtlichen nachzudenken, nimmt sich dieser Betrieb immer seltener. Dies überhaupt einzufordern, gilt mittlerweile fast als verantwortungslose Ignoranz gegenüber der "Mehrheitswahrheit".

Es scheint, als sei die in großen Teilen selbst erzeugte Notwendigkeit zur Eile zum willkommenen Ersatz für Bedachtheit und Umsicht geworden. Die Fähigkeit, bei der Durchsetzung von eigenen Vorstellungen ohne das Beschwören von Krisenszenarien auszukommen, wird kaum mehr trainiert. Und nicht nur das: Ohne apokalyptische Bedrohungen scheint es gar manchen nicht erst zu gelingen, eigene Vorstellungen überhaupt noch zu entwickeln. Das erklärt auch, warum persönliche und stark ausgeprägte Überzeugungen, so sie denn vorhanden sind, immer häufiger auf der Abwehr des einen oder anderen Katastrophenszenarios fußen, also keine „Für-Überzeugungen, sondern „Gegen-Notwendigkeiten" sind: Immer mehr Menschen setzen sich nicht für Freiheit, Offenheit und Zukunft ein, sondern gegen den Weltuntergang.

Auch modernes Regierungshandeln schlüpft in den Mantel des kurzfristig ausgerichteten und gleichzeitig permanenten Krisenmanagements. Demokratische Gepflogenheiten wie etwa die gründliche inhaltliche Diskussion sowie die parlamentarische Kontrolle gelten dem heutigen Zeitgeist als eher ineffizient. Derartiges zu bemängeln, wird nicht selten als Störfeuer sogenannter „Leugner" und „Bremser" zurückgewiesen. Gründlichkeit ist durch Entscheidungseffizienz und Geschwindigkeit ersetzt worden – zu Lasten von Bodenhaftung, Besonnenheit und Weitsicht.

Das Teuflische an der selbsterzeugten Tendenz zur Unbedachtheit ist, dass sie nicht etwa im Nachhinein zu einem Zugewinn an Bedenkzeit führt, sondern sie im Gegenteil weitere Effizienzzwänge schaffen kann und sich somit Stück für Stück eine Denk- und Handlungstradition ausbildet, die sich von dem Denken in großen Zusammenhängen immer weiter entfernt.

Bedachtheit ist nicht Langsamkeit, und sie ist auch kein Zeitfresser. Im Gegenteil: Bedachtes, umsichtiges Handeln ist effektiv und vergrößert die Handlungsspielräume erheblich. Es ist ein wirksames Gegenmittel gegen Panik und Kurzschlusshandlungen, denn es ermöglicht ein besseres Verständnis großer Zusammenhänge, verhindert Betriebsblindheit und die Verengung des Blicks auf Fragen der reinen Effizienz. Etwas „bedacht" tun, ist ein Qualitätsmerkmal sinnvollen und weitsichtigen Handelns. So kommt man wesentlich schneller voran.

Wenn Bildung Einbildung ist

*Wir leben in einer Wissensge-
sellschaft, in der Bildung wichtiger ist als jemals zuvor. Unser Wissen erneuert sich immer schneller, und es veraltet
ebenso rasant. Deshalb müssen wir begreifen, dass Lernen
ein lebenslanger Prozess ist.*

Zugegeben, dieses Zitat habe ich erfunden. Aber es ist nicht ganz
aus der Luft gegriffen. Wir alle haben solche Statements schon so
oft gehört, dass jeder Redner-Coach eindringlich dazu rät, keinen
Vortrag oder Artikel so zu beginnen. Sicherlich führen diese Ein-
stiegssätze zu einem leichten kollektiven Kopfnicken, aber Enthusiasmus entfachen sie nicht gerade.

Und das, obwohl es um so spannende und gewichtige Dinge geht
wie um Wissen, Bildung und Zukunft! Woran liegt es, dass ausgerechnet bei diesem Thema tief durchgeatmet wird, sich Köpfe und
Augenlider senken und nahezu jeder stundenlange, schnell langwei-
lige, aber auch extrem technokratische und ideologische Debatten
erwartet, die letztlich zu wenig führen – außer zu einem unguten
Gefühl?

Schuld daran mag u.a. die Tatsache sein, dass „Bildung" ein
scheinbar so einfacher Begriff für eine dann doch alles andere als
leicht verdauliche Kost ist: Was gehört denn alles zur Bildung? Wo
fängt sie an, wo hört sie auf? Wofür ist sie gut? Wann genau ist sie
gut? Was passiert ohne sie? Wie bekommt man sie am besten? Was

darf sie kosten? Gibt es unnütze Bildung? Wo kommt nützliche Bildung her? Kann sie unser Sonnen- und gleichzeitig unser Sozialsystem retten? Was machen wir mit veralteter Bildung? Hören wir irgendwann auf, uns zu bilden? Können wir uns etwas einbilden auf unsere Bildung? Sind Gebildete besser dran als Ungebildete? Haben wir eventuell zu viel Bildung? Warum überhaupt Bildung?

Nun bin ich nicht nur kein Bildungsexperte, sondern auch noch sehr glücklich darüber, mich nicht jeden Tag mit den Fallstricken im Großen und im Kleinen beschäftigen zu müssen, die die Bildung durchziehen und umschließen wie ein überdimensionales Spinnennetz. Und wenn ich mir aus dieser zugegebenermaßen luxuriösen Position heraus den „Kriegsschauplatz Bildung" ansehe, dann beschleicht mich das ungute Gefühl, dass die Bildungsexperten dort noch Jahrzehnte um Strukturen miteinander ringen könnten, ohne zu den eigentlichen Ursachen der Bildungsproblematiken vorzudringen.

Denn dass es Probleme mit der Bildung gibt, darüber sind sich alle einig. Allerdings ist die Liste der Probleme und Uneinigkeiten noch länger als die eben genannte Liste der Verständnisfragen: Warum sinkt das Bildungsniveau der Schulabgänger, insbesondere der männlichen? Warum versagen die Schulen im Kampf gegen die Verrohung der Sitten? Wie kommen wir endlich in den PISA-Rankings weiter nach vorne? Hat die Schulzeitverkürzung einen positiven Effekt auf die Leistungen der Schüler? Was machen die Eltern und Erzieher falsch in Sachen frühkindlicher Bildung? Wie kommt es, dass trotz des sinkenden Bildungsniveaus immer mehr Studierende die Unis fluten? Welche Auswirkungen hat die Vereinheitlichung der Bildungssysteme in der EU auf die Studieninhalte? Was sind die Studienabschlüsse Bachelor und Master wert? Warum ist ein bayerisches Abitur etwas anderes als ein Bremer Abitur? Liefert die wirtschaftsnahe Universität tatsächlich diejenigen Absolventen, die der Arbeitsmarkt benötigt? Trägt das BAföG wirklich dazu bei, dass mehr Arbeiterkinder studieren? Sind Studiengebühren sozial gerecht? Wie bekämpfen wir den Fachkräftemangel? Warum haben auch viele Erwachsene eine so begrenzte Allgemeinbildung?

Das mögen alles interessante Fragen sein, doch adressieren sie nicht wirklich und frontal die Ursachen für das unterschwellig unangenehme Gefühl, das sich einstellt, wenn Gespräche über das Thema Bildung ins Haus stehen. Das Unwohlsein sitzt tiefer. Ich werde nachfolgend versuchen, mich nicht in den Einzelheiten der Organisation von Bildung zu verlieren, sondern die aus meiner Sicht zentralen – und in den heutigen Debatten vielfach zu kurz kommenden – inhaltlichen Grundannahmen eines humanistischen Bildungsbegriffs zu erläutern. Denn ich glaube, dass es gerade die Unsicherheit gegenüber diesen Grundannahmen ist, die den heutigen Zeitgeist prägt und Bildung zu einem so unerquicklichen Gesprächsthema macht.

Bildung dreht sich um das Wissen, nicht um das Lernen.

Es stimmt: Menschen müssen heute nicht nur ganz andere Dinge wissen als früher, sie müssen auch mit viel mehr Wissen umgehen können als ihre Vorfahren. Da ist es natürlich sinnvoll, dass Techniken entwickeln werden, wie man sich Wissen schneller aneignet, wie man besser lernt. Aber beim Lernen ist es wie beim Schwimmen: Man muss rein in die Materie und die Angst, in ihr zu ertrinken, überwinden. Trockenschwimmübungen machen genauso wenig jemanden zu einem begeisterten Schwimmer, wie Lernmethoden ohne ernsthafte Beschäftigung mit dem zu erwerbenden Wissen jemandem zu einem Wissbegierigen machen. Schwimmen lernt man durch Schwimmen; es reicht nicht zu wissen, wie es ginge. Für das Lernen gilt dasselbe.

Das mag banal klingen, ist aber alles andere als selbstverständlich: Immer häufiger wird von Bildungsexperten erklärt, dass das konkret „beigebrachte" Wissen gar nicht mehr den höchsten Stellenwert besitzen sollte, da dieses ja angesichts der rasanten Veränderungen der Welt in vielen Fällen schon bald nicht mehr wichtig, ja möglicherweise sogar nicht einmal mehr richtig sei. Viel wichtiger soll es sein, dass die Menschen befähigt würden, sich selbst fortlaufend neues Wissen anzueignen. Der Begriff des „lebenslangen Lernens" als bildungspolitische Zielsetzung meint genau dies: Es müsse Wert darauf gelegt werden, dass die Menschen in eine permanente Lernroutine kämen und sich weniger auf womöglich ihrer Ansicht nach wissenswerten Stoff, sondern darauf konzentrierten, ihre Lernkompetenz zu trainieren.

Es wird deutlich, dass dieser Vorstellung vom Lernen eine recht instrumentelle Sicht auf das erlernte „Wissen" zugrunde liegt. Es erscheint hier eher als eine Hantel, mit der man Muskeln trainiert. Die stärkere Konzentration auf das Lernen an sich hat unweigerlich eine fortschreitende Entwertung des zu wissenden und lernenden Stoffes zur Folge. Und da nicht mehr Lern- und Lehrmethoden spezifischen Inhalten angepasst werden, sondern umgekehrt Inhalte dazu da sind, um mit ihnen Lernkompetenz zu entwickeln, verwischt auch der qualitative Unterschied zwischen akademischer Bildung und beruflich orientierter Ausbildung.

Schon jetzt erinnern viele Universitäten hinsichtlich Ausrichtung und Bildungsstruktur stark an die Fachhochschulen der Vergangenheit, und die Unterschiede zwischen beiden verwischen. Gleichzeitig wird der an Universitäten anzutreffende Kanon unterschiedlicher Fächer und Disziplinen ausgedünnt. Angesichts des instrumentellen Umgangs mit Wissen ist dies kein Wunder: Welche konkret messbare Funktion sollen denn Fächer wie „Musikgeschichte", „Judaistik" oder „Sinologie" für das Lernen des Lernens haben, die nicht auch von anderen Fächern erbracht werden könnte?

Dass das Lernen im Gegensatz zum Wissen eine Aufwertung erfährt, hat nicht zuletzt auch Auswirkungen darauf, welche Menschen sich für den Beruf des Lehrers entscheiden und aus welchen Motiven. Insbesondere die Motive haben sich in den letzten Jahren verändert. Wissensvermittlung ist nicht mehr unbedingt das alleinige Hauptmotiv des nachwachsenden Lehrkörpers. Keiner will mehr

Pauker werden: Der Mit-Lerner und Helfer ist viel populärer. Berufswunsch Vertrauenslehrer – ob das Schülern wirklich weiterhilft?

Tatsächlich waren die inspirierendsten Lehrer und Professoren meiner schulischen wie universitären Bildungslaufbahn diejenigen, die mich mit Wissen überhäuft und mich herausgefordert und mitgerissen haben, sei es durch ihren Qualitätsanspruch oder durch die direkte Konfrontation mit meinem eigenen begrenzten Wissen. Es waren genau diejenigen Lehrkräfte, die sich nicht in erster Linie um mein Wohlbefinden kümmerten oder darum, dass ich soziale Werte vermittelt bekomme.

Im Gegenteil: Mit genau diesen Attributen verknüpfe ich meine schlimmste Bildungserfahrung: ein zweisemestriges Hochschulseminar zum Thema „Kriegs- und Ursachenforschung" Mitte der 90er-Jahre. Ein ganzes Jahr lang brachte der Seminarleiter, ein renommierter Politikwissenschaftler, jede Woche einen Blumenstrauß mit und stellte ihn in die Mitte des Raumes stellte, um, wie er sagte, eine spannungsfreie Atmosphäre zu erzeugen, die nötig sei, um überhaupt aus einer friedlichen Perspektive heraus über Kriege (die ja letztlich nichts anderes seien als Manifestationen zwischenmenschlicher Spannungen) konstruktiv reden zu können. Was vom Titel her wie eine mit fundiertem Wissen über die Konflikte dieser Welt gespickte Vorlesungsreihe klang, entpuppte sich als erbärmlich oberflächliche Beschäftigung mit Wissen innerhalb eines quasi gruppentherapeutischen Rahmens. Dieser zweisemestrige Selbsterfahrungsprozess gehörte zu den gefühlt längsten und eindrücklichsten meines Lebens – und zu den erfolglosesten.

Nicht Fakten schaffen Wissen, sondern der Umgang mit ihnen

Natürlich würden die meisten modernen Bildungsexperten den Vorwurf, es gehe ihnen in erster Linie um das Lernen und nur in zweiter Linie um das Wissen selbst, energisch zurückweisen. Und dennoch liefert die Art und Weise, in der heute über die Kurzlebig-keit und das ständige Wachstum von Wissen gesprochen wird, eini-ge Hinweise darauf, dass sich die Bedeutung und der Stellenwert dessen, was heute als „Wissen" gilt und was damit zu tun ist, verän-dert.

Selbstverständlich ist einiges von dem, was ich (Abiturjahrgang 1990) in der Schule gelernt habe, heute überholt – denke ich zu-mindest, weil das irgendwie alle sagen und auch plausibel erscheint. Wenn ich aber versuche zu bestimmen, welches mir in der Schule vermittelte Wissen seitdem tatsächlich veraltet ist, dann fällt mir nur wenig ein: Meiner getrübten Erinnerung zufolge sah das Perio-densystem damals noch lückenhafter aus als heute, dafür aber war Pluto noch ein Planet und Ostberlin die Hauptstadt eines zweiten deutschen Staates. *You win some, you loose some.* Im Übrigen emp-fand ich viel von dem, das ich damals lernte, auch damals schon ir-gendwie antiquiert, was selbstverständlich zuvörderst an mir lag: Goethes Faust und Schillers Wallenstein, mit denen ich mich im Abi-tur auseinandersetzte, galten damals für mich keineswegs als un-schätzbar wertvolle Wissensquellen – was sich allerdings seither verändert hat, wie ich zugestehen muss. Zumindest kann ich das Tun der beiden Herren heute besser einordnen und verstehen. Ich habe einen besseren Überblick über die historischen, kulturellen und sozialen Zusammenhänge, in denen beide Figuren agierten. Es waren also Informationen aus ganz anderen Wissensbereichen, die mir dabei halfen, meinen Frieden mit Goethe und Schiller zu ma-chen, im Gegenzug halfen mir beide mit ihrem literarischen Werk dabei, geschichtliche Informationen besser verstehen zu können. Das ist ein Weg, wie Wissen entsteht: die Fähigkeit, einzelne Infor-mationen nicht nur abzuspeichern, sondern miteinander in Verbin-dung zu setzen und Zusammenhänge zu erkennen, sodass ein ver-tiefendes Verstehen von Wissensbereichen möglich wird.

Viel zu häufig kann man den Eindruck haben, dass „Wissen" zu sehr auf Zahlen und Fakten reduziert und dass das Verarbeiten, Ein-ordnen und kontextuale Verstehen dieser Informationen vernachlässigt wird. Dies ist nicht nur in den zahllosen „Wissens-Sendungen" der Fall, in denen Informations-Häppchen abgefragt werden oder Kandidaten aus unterschiedlichen Lösungsvorschlägen die absurdesten ausschließen können und dann als „schlau" und „gebildet" gelten, wenn sie ihre Joker clever einsetzen. Auch ein Blick in Lehrpläne nährt den Eindruck, dass es vielfach vor allem darum geht, Dinge erwähnt und gestreift zu haben, um sie abhaken zu können. Für intensive Auseinandersetzungen ist oft weder Raum noch Zeit. Der vielfach geäußerte Eindruck, es sei heutzutage immer schwieriger, in der allgemeinen Informationsflut den Überblick zu behalten, deutet ebenfalls darauf hin, dass die Entwicklung der Verständnisfähigkeit im Vergleich zur Informationsmenge nicht hinreichend akzentuiert wird.

Informationen, Daten und Fakten sind sicherlich grundlegende Voraussetzungen für das Entwickeln von tiefgehendem Wissen und müssen vorhanden sein – hinreichend sind sie indes nicht: Echtes Verständnis kann nur entstehen, wenn die Fähigkeit zu konzeptualisieren, zu vergleichen und etwas kritisch zu betrachten, parallel dazu entwickelt wird. Diese Fähigkeit wiederum ermöglicht es, auch große Mengen an Informationen einzuordnen, zumindest aber besser in wichtige und unwichtige zu unterscheiden.

Ein bestimmtes Themengebiet wirklich durchdringen zu wollen, ist die Voraussetzung für das Entstehen von tiefgehendem Wissen – und das Ermuntern hierzu ist die ureigenste Aufgabe des „Bildungsapparates". Man kann aber niemandem beibringen, wie man sich eigenständig durch etwas durchbeißt, ohne dass die eigenen Zähne dabei zum Einsatz kommen. Und das Produkt dieses Durchbeißens, echtes verstehendes Wissen, kann auch nicht einfach so "vermittelt" werden. Was „vermittelt" werden kann, sind Informations-Grundbausteine sowie Anleitungen dafür, wie man diese zu „Wissen" weiterverarbeiten kann – und natürlich jede Menge Enthusiasmus, der sich bestenfalls aus der positiven Wissenserfahrung des Lehrenden speist. Wenn aber der Bildungsprozess sich bei der Wissensvermittlung mehr auf das Vermitteln als auf die Freude am Wissen konzentriert, dann verliert Bildung ihre eigentliche Rolle und auch ihren Antrieb: Sie wird dann zu Ausbildung, zu einer Art Training.

Bildung ist konservativ, aber ihr Potenzial ist revolutionär

Dass sich die Bedeutung des Wissensbegriffs und damit auch der Rolle von Bildung verschiebt, zeigt sich deutlich an der Debatte über das schnelle Wachstum und das ebenso schnelle Veralten von Wissen. Es heißt, der entfesselte globale Wandel führe dazu, dass beinahe minütlich Wissen obsolet werde und eigentlich täglich durch eine Art Update gegen Neues ausgetauscht werden müsste. Sichtweisen wie diese finden auch in den zahlreichen Schilderungen der sogenannten „Informations-" oder „Wissensgesellschaft" ihren Ausdruck: Diese zeichne sich durch ein spektakuläres und immer rasanteres Wissenswachstum aus, was aber nicht dazu führe, dass die Menschen besser orientiert wären, sondern sich im Gegenteil eher die menschliche Ohnmacht und das Unverständnis vergrößere.

Es ist erstaunlicherweise gerade die übliche Betonung der „Informationsflut", die in letzter Konsequenz zu einer Entwertung dessen führt, was wir heute unter „Wissen" verstehen. Die Diskussionen über die Informationsgesellschaft zeichnen ein Bild, demzufolge der Mensch angesichts von immer mehr Fakten und Informationen schlicht überfordert ist. Da Wissen immer häufiger auf Faktensammlungen reduziert wird, liegt der Schluss nahe, dass der stetige Wandel der Welt dazu führe, dass unser Wissen immer schneller Schnee von gestern wird. Wenn aber Wissen zu einem Großteil als Verständnisfähigkeit – also als Fähigkeit, mit Informationen sinnvoll umzugehen – verstanden würde, dann müsste der Wandel ja eigentlich zu weiterem Wissenserwerb führen. Dass dies in der Regel aber nicht so gesehen wird, sondern „Wandel" eher als Quelle von Unverständnis gilt, hat mehr mit unserer Einstellung zu Wandel und

Wissen zu tun als mit der tatsächlich auf uns alle einströmenden Mengen an Informationen.

Es scheint, als stünden viele Menschen eher teilnahmslos und ohnmächtig neben diesem „Wandel" und der Entstehung von Wissen, wodurch beide natürlich noch monströser erscheinen. Aus der Position des passiven und nicht involvierten Zuschauers mögen Veränderungen willkürlich und chaotisch erscheinen und an jeder Straßenecke spektakuläre historische oder katastrophale Brüche entstehen lassen. Diese Wahrnehmung ist aber positionsabhängig: Betrachtet man sich als aktiven und bewussten Teil der Gesellschaft, so fällt auf, dass in vielen Bereichen unseres Lebens eben nicht stetiger und beschleunigter Wandel dominiert, sondern eher die Zähigkeit und Langlebigkeit alten oder veralteten Denkens und Wissens.

Das Wissen der Menschheit ist nicht vom Himmel gefallen. Es ist das Produkt von unendlich vielen Gedanken, Versuchen, Experimenten und Erfahrungen unzähliger Menschen. Und es wird in immer neuen Schichten aufgetragen. Neues Wissen ernährt sich von altem Wissen, entweder dadurch, dass es sich darauf bezieht, oder indem es sich bemüht, es zu widerlegen. Wissen ist das Resultat menschlicher Erkenntnis, es beinhaltet Konzepte, Theorien und spezifische Denkstrukturen. Und auch wenn man sich zuweilen über seine Langlebigkeit und Zähigkeit aufregen mag, so sind doch gerade diese Eigenschaften von entscheidender Bedeutung für die Entstehung von über Generationen hin entwickelter „Bildung".

Wir können davon ausgehen, dass es kein neues Wissen gibt, dass sich nicht in irgendeiner Form auf älteres Wissen bezieht, und sei es dadurch, dass das Erste das Zweite widerlegt. Dass wir heute überall revolutionäre Erneuerungen und noch dazu in rasanter Geschwindigkeit zu beobachten glauben, hat weniger mit einer enormen Beschleunigung des Wandels zu tun, sondern mit unserer vielfach oberflächlichen Sicht auf die Welt, die wiederum auf einem zu stark auf reine Fakten abhebenden Wissensbegriff beruht. Wenn Informationen erst im Zusammenhang mit anderen Informationen zu zentralen Bestandteilen von „Wissen" werden, so gilt dies natürlich auch für die Vergangenheit. Die Relevanz neuen Wissens einschätzen kann derjenige am besten, der einen vergleichenden und Zusammenhänge erkennenden Blick zurück werfen kann.

Deswegen ist altes Wissen eben nicht automatisch, wie uns die Informationsgesellschafter glauben machen wollen, verwirrender und ablenkender Ballast, den wir uns gar nicht erst ans Bein binden sollten, sondern es liefert uns eine Basis, von der aus wir uns dem Neuen zuwenden können. Das bedeutet nicht, dass wir altes Wissen als für heute noch richtig halten und verabsolutieren sollten. Im Gegenteil: Wir sollten es als das zur Kenntnis nehmen, was es ist. So behandelt, ist altes Wissen von zentraler Bedeutung für unsere Einstellung gegenüber der Zukunft. Und um dieser von einem möglichst stabilen Fundament aus entgegentreten zu können, hat sich die humanistische Bildung schon immer als Retterin und Vermittlerin alter Kulturen, alter Denkschulen, alter Gewissheiten, alter Künste und alter Sprachen verstanden. Dies nicht, weil sie danach trachtet, die Schüler mit altertümlichem Wissen zu erschlagen und sie in der Vergangenheit einzukerkern (auch wenn es sich manchmal so anfühlen mag), sondern um ihnen so viel wie möglich vom Wissen vergangener Generationen und Epochen an die Hand zu geben, auf dass sie die Zukunft gut informiert und menschlich geschult in Angriff nehmen können.

Humanistische Bildung mag daher in Form und Inhalt konservativ erscheinen, jedoch ist tiefgehendes Verstehen ermöglichendes Wissen eine weitaus stabilere und fruchtbarere Basis für radikale Aufbrüche in die Zukunft als die überforderte und letztlich desinteressierte Scheu vor Veränderung.

Das Konzept des „lebenslangen Lernens" ist entmündigend

Der allgegenwärtige Hinweis auf die immer weiter ansteigende „Wissensflut", mit der der moderne Mensch es zu tun habe, gilt als das Fundament, aus dem sich die Forderung ableitet, lebenslang lernen zu müssen. Doch ähnlich wie in der Informationsschwemme sich die Bedeutung von Wissen verdünnt, so wird auch der lernende Mensch immer unerheblicher. Das Konzept des „lebenslangen Lernens" ist nicht auf Bildung im Sinne der umfassenden intellektuellen Persönlichkeitsbildung ausgerichtet, sondern auf den Erwerb von Fähigkeiten zur Sicherung eines zunehmend prekären Auskommens.

Wenn die Vorstellung des sein Leben lang um die überlebensnotwendigen „Lerneinheiten" ringenden Individuums zentraler Bestandteil einer bildungspolitischen Maxime ist, dann hat in dieser ein humanistischer Bildungsansatz keinen Platz. Schlimmer noch: Es gibt hier auch keine „Wissenden" mehr, sondern nur noch „Lernende".

Das mag überspitzt klingen. Aber wenn „Bildung" aus der Sicht moderner Bildungsexperten auf hauptsächlich veraltetem Wissen und einer eher überschaubaren Sammlung aktueller Daten und Fakten beruht, die zur beruflichen Verwendung befähigen, die in der Summe aber eigentlich nie zu einer sinnvollen Handhabung der Tücken der „Informationsgesellschaft" befähigen können, dann spielt der einzelne Mensch als „wissender", „erwachsener" „mündiger" und daher „entscheidungsfähiger Bürger" eine nicht mehr ganz so prominente Rolle. Das, was den Menschen gemäß dieses Denkens auszeichnet, ist nicht das bereits ihm verfügbare Wissen, sondern sein Set an antrainierten „Skills", sich „neues" Wissen schnell anzueignen – und was diese „Skills" angeht, stehen Kinder und Jugendliche häufig besser da als Ältere. Erneut geht es also nicht um das Verstehen von Zusammenhängen und um die Anwendung des analytischen und vernetzten Denkens, sondern um das Lernen an sich. Nicht umsonst heißt es in der Bildungspolitik auch „lebenslanges Lernen" und nicht „lebenslange Wissensvermehrung" oder „lebenslange Verständnisvertiefung".

Natürlich bin auch ich der Ansicht, dass jeder Mensch jeden Tag etwas dazulernt, das sagt uns schon der gesunde Menschenverstand, der nicht umsonst Weisheit, Übersicht und Urteilsvermögen mit steigendem Alter und einer entsprechenden Lebenserfahrung verbindet. Beim bildungspolitischen Konzept des lebenslangen Lernens geht es aber nicht darum, Menschen zur Altersweisheit zu führen und ihnen einen dementsprechenden Respekt zu zollen, im Gegenteil: Hier bleibt der Mensch auf ewig in der Rolle des lernendes Schülers, auf ewig mindergebildet, minderwissend und zudem ohne Chance, diese untergeordnete Rolle jemals zu verlassen, denn es gibt kein erreichbares Wissensniveau, das dazu berechtigt, sich nicht mehr als Lernender zu betrachten.

Der ewige Schüler muss, da ihm tatsächliche Wissenskompetenz nicht zugetraut wird, gewissermaßen von Lerneinheit zu Lerneinheit gezerrt werden in der Hoffnung, ihn so in einen Zustand zu bringen, in der er vielleicht für eine sinnvolle Verwendung auf dem Arbeitsmarkt geeignet ist. In letzter Konsequenz wird hier einer zutiefst anti-intellektuellen Verkürzung des Lern- und Wissensbegriffs das Wort geredet. Das lebenslange Lernen erscheint hier nicht mehr als zielorientiert, auf dass wir irgendwo einmal wissend und ermutigt ankommen und selbständig agieren, sondern es wird zum therapeutischen Hamsterrad, das uns demütig werden lässt angesichts immer neuer Informationsberge und angesichts des Verharrens in der eigenen Unmündigkeit.

Ohne Erwachsenenautorität keine Bildung

Humanistische Bildung legt großen Wert darauf, die Errungenschaften menschlichen Handelns in der Vergangenheit zu bewahren und somit den sich bildenden Menschen die Möglichkeit zu geben, sich als erwachsene, mündige und selbstbestimmte Bürger auf Basis dieser Errungenschaften in Gegenwart und Zukunft weiterzuentwickeln. Ohne eine Wertschätzung eben dieser historischen Errungenschaften, aber auch ohne die Wertschätzung des Menschen als potenziell mündiges, selbstbestimmtes, wissendes und verstehendes

Subjekt, hat ein solches Bildungsverständnis keinen Sinn, ja hat Bildung keinen Sinn.

Doch genau an dieser doppelten Wertschätzung mangelt es dem aktuellen Zeitgeist: Die menschliche Geschichte als ein Reservoir positiver Errungenschaften zu betrachten, das es zu nutzen und in Zukunft weiterzuentwickeln gilt, ist nicht unbedingt eine mehrheitsfähige Sichtweise. Tatsächlich wird gerne infrage gestellt, ob der Mensch überhaupt so mündig, selbstbestimmt, gebildet und „erwachsen" werden könne. Als Folge dessen wird gerade auch im Kontext schulischer und universitärer Bildung hinterfragt, ob die Ausrichtung von Lehrplänen an eben solchen Vorstellungen von der Entwicklung mündiger Erwachsener nicht insgesamt ein Trugschluss sei und ob nicht die scheinbar natürliche Autorität der Erwachsenen gegenüber Kindern und Jugendlichen nicht eine eigentlich unbegründete Anmaßung sei.

Natürlich wird auch dieser Gedanke nur selten so offen und direkt ausgesprochen. Jedoch ist die sowohl unter Eltern als auch unter Lehrern weit verbreitete Unsicherheit bezüglich des richtigen Umgangs mit Kindern u.a. auch der Tatsache geschuldet, dass die Vorstellung, Erwachsene hätten gegenüber Kindern und Jugendlichen eine Art „natürliche" Glaubwürdigkeit und Autorität, durchaus in Zweifel gezogen wird.

Diese Zweifel am Wert des Erwachsenseins werden durch die Bildungsrhetorik vom „lebenslangen Lernen", die Menschen jeden Alters in die Rolle des endlos Lernenden, aber niemals Wissenden presst, noch weiter genährt. Und nicht zuletzt führt die Verengung des Wissensbegriffs auf Daten und Fakten und die Missachtung „alten Wissens" als nicht verwertbarer Ballast dazu, dass sich der moderne Bildungsbegriff nicht nur von der Vergangenheit abkoppelt, sondern damit auch Wissen als Legitimation für die Autorität von Erwachsenen demontiert.

Anschaulich zu beobachten ist dies in den heutigen Stätten der Wissensvermittlung, in denen es nicht eben selten um ganz andere Dinge als um Wissen geht: Der modernen Bildungspolitik zufolge soll

Schule vor allen Dingen Kinder „erziehen", sie „fit machen" für die
Hochschule oder den Arbeitsmarkt und „die Integration sicherstel-
len", damit niemand alleine zurückbleibt. Aber nicht nur an den
Schulen halten aufgeblähte sozialtherapeutische Bildungsansätze
Einzug. Auch an Hochschulen sind die Tendenzen der Infantilisie-
rung klar ersichtlich: „Studieren" beinhaltete bislang vor allen Dingen, sich zu lösen aus vorgefertigten Strukturen und aus den Eltern-
häusern, den Umgang mit persönlicher wie akademischer Freiheiten
zu erlernen, seinen eigenen Weg zu finden, sich ohne vorgeschrie-
bene Scheuklappen im Bildungskosmos zu orientieren und somit die
eigene Persönlichkeit soweit eben möglich zu entfalten und zu
emanzipieren. Im Gegensatz dazu ähnelt das heutige Studium an die
Fortsetzung des vorgegebenen Schulalltags.

Der einzig sinnvolle Nutzen von Bildung ist: Bildung!

Doch was soll denn nun das Ziel von Bildung sein? Wenn es nach der
deutschen Kultusministerkonferenz geht, so soll das Regelstudium
in allererster Linie dazu da sein, Berufsqualifikation zu vermitteln
und die Studierenden fitzumachen für den Arbeitsmarkt. Da über-
rascht es nicht, dass moderne Studiengänge heute in vorgegebenen
Bahnen zu verlaufen haben und von Unternehmensvertretern mit-
gestaltet werden, dass Studierenden, wie früher in der Schule üblich, Stundenpläne ausgehändigt werden und vor allen Dingen die
Studienzeit so effizient wie möglich zu organisieren ist. So kann die
Vorstellung, dass ein Studium etwas anderes sein sollte und auch
etwas anderes war, kaum mehr entstehen. Hierzu bedarf es eines
grundlegenden Umdenkens – vor allem auch außerhalb der Elfenbeintürme!
Denn dass Bildung heute sehr funktional betrachtet wird, ist kein
Phänomen, das nur in den Universitäten selbst entsteht – es wird
sehr stark von außen in die Hochschulen hineingetragen. Universitä-

ten hatten historisch immer die Aufgabe, sich von gesellschaftlichen Entwicklungen abzuschotten, um ein freies, langfristig orientiertes Forschen, Lehren und Studieren zu ermöglichen. Es ging Universitäten nicht darum, möglichst viele verwertbare Arbeitskräfte in möglichst kurzer und effizient genutzter Zeit zu „produzieren", sondern Forschung und Lehre waren Werte an sich, die es zu verteidigen galt. Hochschulen als Orte von Forschung und Lehre waren gesellschaftlich hochgeachtet, da humanistische Bildung und damit Wissen im breitest möglichen Sinne als die Gesellschaft antreibender Kraftstoff betrachtet wurde. Entsprechend war das Studium ein erstrebenswertes Ziel für Lernbegierige, da es eine hervorgehobene Stellung auf der gesellschaftlichen Achtungsleiter ermöglichte.

Dieser uneingeschränkt positiven Grundeinstellung gegenüber Wissen, Forschung, Lehre und gesellschaftlicher Entwicklung begegnet man heute sowohl innerhalb als auch außerhalb der Universitäten nicht mehr ganz so häufig. Das führt dazu, dass Bildungseinrichtungen eine andere Bedeutung beigemessen wird: Sie soll Menschen erziehen und arbeitsfähig machen – Bildung gilt als Vorbereitung auf das Leben, nicht mehr als möglicher Lebensinhalt. Und da sie also zuallererst „vorbereitenden Charakter" und keinen Wert mehr an sich hat, kann sie mit allerhand Inhalten gefüllt werden, die mit tatsächlicher Bildung nur wenig zu tun haben.

Dementsprechend fällt es Menschen und gerade auch wissensbegierigen und Studierenden heute sehr schwer, ihren Wissensdurst und ihr Streben nach Bildung zu legitimieren. Befragt man heute Studienanfänger nach den Studienmotiven, so weist ein Großteil von ihnen darauf hin, dass man eben studiert haben müsse, um überhaupt später einen halbwegs ordentlichen Job zu bekommen. Wer heute um des Studierens willen studiert, gilt hingegen als wenig zielstrebig, als zumindest ungewöhnlich, wenn nicht sogar als Schmarotzer und Karriere-Loser.

Dabei ist nicht so sehr die Verknüpfung von Bildung und Berufschancen das Hauptproblem, sondern die Tatsache, dass man überhaupt meint, Bildung nach Kriterien der unmittelbaren Nützlichkeit bewerten und rechtfertigen zu müssen. Meines Erachtens sollte es bei der Bildung nicht um die Vorbereitung auf den Beruf oder das Leben gehen, sondern einzig und allein um Bildung! Bildung sollte nicht auf dem Altar der Nützlichkeit geopfert werden, sie muss niemandem dienen und sie muss auch nicht „für etwas gut sein".

Die heutige Krise der Bildung manifestiert sich zwar in einer Vielzahl von Problemen und Debatten auf unterschiedlichsten Ebenen, und meistens erscheint sie uns als eine Krise der für relevant gehaltenen Inhalte oder Lernmethoden. Tatsächlich aber haben wir es mit einer Krise der Bedeutung von Bildung an sich zu tun. Diese hängt ganz eng zusammen mit der zeitgeistgemäßen Entwertung von „Wissen", mit der Krise des intergenerativen Lernens und der stark erschütterten Autorität von Erwachsenen.

Wenn wir um ein positives Verhältnis zu Wissen und zur menschlichen Entwicklung sowie um eine optimistische Einstellung zur Lernfähigkeit des Menschen ringen, kann es gelingen, Bildung aus dem Joch der Nützlichkeit und der therapeutischen Überwucherung zu befreien. Und da dieses Kapitel mit einem erfundenen Zitat begann, endet es nunmehr mit einem echten:

Der Mensch kann entweder bloß dressiert, abgerichtet, mechanisch unterwiesen, oder wirklich aufgeklärt werden.
Immanuel KANT, Philosoph

Egoismus: sozialer als sein Ruf?

Selbstlosigkeit ist ausgereifter
Egoismus.
Oscar WILDE, Schriftsteller

Haben Sie schon einmal in einer wahllos zusammengewürfelten Gruppe von Bekannten oder Unbekannten nach den Hauptübeln und -sünden der Welt gefragt? Ich bin mir sicher, Sie werden ihren Espresso noch nicht ausgetrunken haben, bevor Sie zu hören bekommen, dass der Egoismus der Menschen in jedem Fall dazugehört. Er gilt heute als eine der, wenn nicht als die zentrale Schwäche und gleichzeitig als zentrales Merkmal des menschlichen Charakters.

„Egoistisch" ist jemand, der sich unmittelbare Vorteile verschafft, unabhängig von den Belastungen und Kosten, die er, ob gewollt oder ungewollt, anderen oder seiner Umwelt damit aufbürdet. Verbunden hiermit werden Rücksichtslosigkeit, Raffgier, Ellenbogenmentalität, Neid und Missgunst, und als Steigerung: Egozentrismus. In besonders scharfer Form wurde Egoismus im Zusammenhang mit der Wirtschafts- und Finanzkrise kritisiert. Diese, so wurde argumentiert, sei vor allem durch gierige Banker und Fondsmanager ausgelöst worden, die, nur auf den eigenen kurzfristigen Vorteil bedacht, Anleger und Sparer bereitwillig über die Klinge springen ließen.

Folgt man der Mehrheitsmeinung, so ist das Handeln im eigenen Interesse kaum mit gesellschaftlichem Wohlergehen in Einklang zu bringen. Ursächlich für diese Sichtweise sind zwei Grundannahmen: zum einen, dass die Menge an vorhandenen Gütern und Reichtümern auf der Welt begrenzt sei und somit Wachstum auf der einen immer notwendigerweise zulasten der anderen Seite gehen müsse.

Zum anderen wird angenommen, dass Menschen in ihrem Handeln auf eigene Rechnung allesamt und zwangsläufig unersättlich seien, weshalb es eine zentrale gesellschaftliche Aufgabe sei, die Auswüchse des Egoismus zu unterbinden, notfalls durch gesetzliche Kontrolle und staatliche Gewalt. Da ist er wieder, unser Zeitgeist des Misstrauens und der wohlmeinenden Verhaltenskontrolle!

Gebremste Ambitionen – niedrige Erwartungen

Aber stimmt es, dass die Mehrheit der Menschen wirklich in erster Linie auf ihr eigenes Wohl bedacht und bereit ist, dafür über Leichen zu gehen? Herrscht tatsächlich eine flächendeckende und selbst gewählte Ellenbogenmentalität vor, aus der heraus man dem Nachbarn nichts gönnt? Trachtet wirklich jeder nur nach seinem eigenen Vorteil? Vielleicht sieht die Welt so aus, wenn man sie so sehen will. Wenn ich mich umschaue, sehe ich überall Menschen, die anderen helfen, die sich ehrenamtlich engagieren und Mitgefühl empfinden.

Es stimmt zwar, dass es der modernen Gesellschaft oft an einem gewachsenen Zusammenhalt fehlt, dass sich alte Bindungen und auch Solidaritäten zurückentwickeln. Das liegt aber nicht daran, dass die Menschen plötzlich massenhaft und aus sich heraus entschieden haben, egoistischer zu sein als früher und sich nicht mehr um Andere zu scheren. Menschen hören nicht plötzlich auf, soziale Wesen zu sein.

Was allerdings zu beobachten ist, ist, dass die urwüchsige soziale Tendenz von Menschen durch eine Reihe anderer Faktoren eingefärbt und eingetrübt ist. Erneut erleben wir den misstrauischen Zeitgeist in Aktion: Die Menschen empfinden auch heute noch Mitgefühl und Solidarität, allerdings ist der Glaube daran, dass die Zustände tatsächlich dadurch zum Besseren verändert werden können, auf einen historischen Tiefstwert zusammengeschmolzen. Wären die Menschen aber wirklich von dem Antrieb beherrscht, ihr Leben und nur ihr Leben zum eigenen Vorteil zu verbessern, so müsste man sich angesichts der Tatsache, wie sehr sie tagtäglich eben daran scheitern, ernsthafte Sorgen machen! Führt man sich vor Augen, in welch schwierigen Verhältnissen viele Menschen selbst in den reichen Gesellschaften nach wie vor leben und wie viele geradezu widerstandslos die Beschneidung ihrer eigenen Freiheitsrechte hinnehmen, könnte man eher den Eindruck gewinnen, sehr viele ließen sich nur allzu bereitwillig auf der Nase herumtanzen und die Butter vom Brot nehmen. Wie passt das mit dem vermeintlich übersteigerten Egoismus zusammen? Sind vielleicht am Ende viele Menschen nicht egoistisch genug?

Es ist Fakt, dass sich Menschen heute unglaublich viel gefallen lassen. Die seit Jahrzehnten betriebene Politik der schrittweisen Entmündigung der Bürger wie auch das Proklamieren des Verzichts als moralisch wertvolle und unverzichtbare Haltung hat ihre Spuren im allgemeinen Bewusstsein hinterlassen. Nur wenige Menschen sind noch bereit, ihre Interessen offensiv zu formulieren – und noch seltener sind sie dazu bereit, für sie zu streiten und zu kämpfen. Und wenn sie sich für Interessen einsetzen, dann erstaunlich häufig für die Interessen anderer, die sich nicht äußern können (wie die Umwelt, der Planet Erde oder zukünftige Generationen) – alles andere gilt nämlich als egoistisch.

Natürlich zeigen viele Menschen Verhaltensweisen, die man als „Ellenbogenmentalität" beschreiben kann. Doch was sind die Ursachen dafür? Wird diese Mentalität wirklich nur durch übersteigerte Eigeninteressen und Egoismen angefacht? Und vor allen Dingen: Ist dies ein Hauptübel dieser Welt? Tatsächlich sind die meisten Menschen hinsichtlich ihrer eigenen Ansprüche und Erwartungen an ihr Leben ziemlich zurückhaltend. Das merkt man insbesondere an der einhelligen Aufregung darüber, wenn einzelne prominente Persönlichkeiten einen Lebensstil pflegen, der sich nicht durch notorische finanzielle Zurückhaltung auszeichnet. Wer hohe Ansprüche anmeldet, läuft Gefahr, von der großen Mehrheit geächtet und als Gefährdung des Gemeinwesens betrachtet zu werden. Ist der Motor der vermeintlichen „Ellenbogengesellschaft" nicht vielleicht eher die fortschreitende Isolierung der einzelnen Individuen und das Fehlen von ermutigenden, gemeinschaftlichen Zukunftsaussichten?

Das Paradoxe am engstirnigen Ellenbogen-Egoismus ist: Er beschleunigt den Verlust der Fähigkeit, tatsächlich offensiv Interessen zu formulieren, die über das eigene Leben hinausgehen und somit auch gesellschaftliche Bedeutung haben. Er reduziert somit den individuellen Spielraum. Das spürt man beinahe täglich. Diese negative Erfahrung hat Konsequenzen für das Selbstwertgefühl sowie für das Weltbild vieler Menschen. Deswegen ist es auch wenig realistisch, darauf zu hoffen, dass gerade die Ärmsten, die am stärksten unter der Isolation leiden und unter der permanenten Erfahrung, Interessen nicht durchsetzen zu können, von sich aus neue positive Muster erfolgreichen oder gar gemeinschaftlichen und solidarischen Handelns entwickeln. Sie spüren die Fliehkräfte am Rande der Gesellschaft am deutlichsten und haben ihnen oft am wenigsten positive Erfahrungen entgegenzusetzen. Für viele von ihnen deutet wenig darauf hin, dass sie womöglich aus eigener Kraft und mit Unterstützung anderer Menschen aus ihrer prekären Situation herauskommen könnten.

Das Gegenteil von Egoismus ist Unterwerfung

Das problematische Verhältnis zu den eigenen Ambitionen und Zielen treibt seltsame Blüten. Einerseits werden diejenigen, die hohe Ansprüche haben, dafür verantwortlich gemacht, dass andere in Armut leben. Die eigentlich durchaus sinnvolle Aussage, dass jeder „seines Glückes Schmied" ist, verliert an Relevanz – wie eben auch der Glaube daran, aus eigener Kraft sein Leben gestalten zu können. Andererseits setzt sich aber auch die Sichtweise durch, dass tatsächlich gesellschaftliche Missstände nur noch als Konsequenzen des egoistischen Handelns von Individuen (die Finanzkrise als Schlachtfest gieriger Banker) oder aber als Folgen krankhafter individueller Verhaltensweisen interpretiert werden und sich die Tendenz verstärkt, diese therapeutisch behandeln zu wollen.

Daher schwindet der Glaube daran, dass Handeln, das über den Tellerrand der eigenen Betroffenheit hinausreicht, überhaupt eine sinnvolle Option darstellen kann, um eigene Interessen zu realisieren. Die einzig übrigbleibende Möglichkeit ist also der Rückzug auf das individuelle „Durchboxen" begrenzter und nicht selten auch durchaus lächerlicher Anliegen. Der sinkende Erwartungshorizont lässt kaum andere Strategien als realistisch erscheinen, und je enger er wird, desto krampfhafter wird an den noch so begrenzten Interessen festgehalten.

Wenn also davon die Rede ist, dass die heutige Gesellschaft unter Egoismus leidet, so ist dies richtig und falsch zugleich. Es ist insofern richtig, als dass Interessen, wenn überhaupt, dann immer stärker aus der Perspektive einzelner Individuen heraus definiert und vertreten werden. Die Aussage ist aber falsch, wenn man damit zum Ausdruck bringen möchte, dass die Menschen immer mehr für sich fordern würden. Das Gegenteil ist der Fall: Die Erwartungen an die Zukunft sind ziemlich niedrig – nicht zuletzt, weil die zunehmende Isolation der Menschen dazu führt, dass sie sich ihrer Gemeinschaftlichkeit immer weniger bewusst sind. Krampfhaft egozentrisches Verhalten und fortgesetzte Nabelschau sind keine Erfolgsstrategien für die Durchsetzung eigener Interessen, sondern symbolisieren das Scheitern und das daraus folgende Herunterschrauben der eigenen Erwartungen.

Wie viel ein gesunder Egoismus – im Sinne des effektiven Strebens des Individuums danach, eigene Ziele zu erreichen – dazu beitragen kann, die Menschen insgesamt aus widrigen Lebensumständen zu befreien, hat – für viele überraschend – Karl Marx sehr treffend formuliert: „Erst wenn der wirklich individuelle Mensch ... in seinem empirischen Leben, in seiner individuellen Arbeit, in seinen individuellen Verhältnissen Gattungswesen geworden ist, erst wenn der Mensch seine ‚forces propres' als gesellschaftliche Kräfte erkannt und organisiert hat und daher die gesellschaftliche Kraft nicht mehr in der Gestalt der politischen Kraft von sich trennt, erst dann ist die menschliche Emanzipation vollbracht." (MEW I, S. 370).

Damit ist keineswegs die Aufgabe der Individualität oder das Aufgehen der einzelnen Menschen in einem konturlosen und ver-einheitlichten „Volkskörper" oder in der egalitären „Gattung Mensch" gemeint. Vielmehr geht es darum, dass Menschen erst dadurch, dass sie Eigenständigkeit erlernen und Verantwortung für sich und andere übernehmen, die Befreiung der Menschheit und des Indivi-duums aus ihren eigenen Begrenzungen und Unzulänglichkeiten überhaupt vorantreiben können. Hierzu zählt neben dem Streben nach Freiheit und Fortschritt auch der Kampf gegen Passivität, ge-gen Gleichmacherei und gegen selbstverschuldete Abhängigkeiten.

In der heutigen Kritik am Egoismus spiegelt sich das Unbehagen vieler wider, überhaupt für eigene Interessen einstehen zu wollen. Die Betonung des Individuums gilt heute als Antithese des „Sozia-len". Tatsächlich ist das Nur-auf-sich-Schauen nichts weiter als eine sehr beschränkte und höchst unterentwickelte und untaugliche Va-riante des Eintretens für eigene Interessen. Dennoch erscheint sie vielen heute als einzige Strategie, überhaupt noch etwas zu errei-chen. Wer heute jemanden als Egoisten kritisiert, meint jedoch zu-meist nicht die Strategie, sondern das Ziel – das ist ein gravierender Unterschied. Denn eigentlich sind viele Menschen heute nicht inte-ressegeleitet genug.

Emanzipation ja – aber von wem?

> Um zu erfahren, wer über euch herrscht, braucht ihr nur herauszufinden, wen ihr nicht kritisieren dürft.
>
> François-Marie AROUET,
> besser bekannt als VOLTAIRE,
> Schriftsteller und Aufklärer

Eines der Gewänder, in das sich der europäische Zeitgeist am liebsten hüllt, stammt aus der Damenabteilung. Wer heute modern sein will, stattet sein Auto oder seine T-Shirts mit Slogans für die Gleichberechtigung, für die Stärkung der Teilhabe von Frauen oder aber über die Dumpfheit von Männern aus. „Die Zukunft ist weiblich" – Sie werden kaum jemanden finden, der dieser Aussage widerspricht. Man könnte sie allenfalls ergänzen durch: „Die Gegenwart auch." Denn mit der Hohen Vertreterin der Europäischen Union für Außen- und Sicherheitspolitik, Federica Mogherini, italienische Ex-Außenministerin, und der deutschen Bundeskanzlerin Angela Merkel gehören zwei Frauen zu den mächtigsten Personen des Kontinents. Noch im Herbst 2014 wurde in Deutschland jedes vierte Bundesland und jedes dritte Bundesministerium von einer Frau geführt. Und mit Ursula von der Leyen leitete eine Frau nicht mehr nur ein klassisches Frauenressort wie etwa das Bildungs-, Umwelt-, Sozial- oder Familienministerium, sondern das „männlichste" von allen: das Bundesministerium für Verteidigung.

Aber das Motto „Frauen nach vorn" gilt nicht nur für die Politik. EU-weit steht nicht mehr das „Ob", sondern das „Wie" der Einführung der Frauenquote für die Aufsichtsräte börsennotierter Unternehmen zur Diskussion. Die Frauenquote erfreut sich breiter Unterstützung. Ähnliches gilt für die Aufwertung von Erziehungszeiten von Müttern sowie die Lohnangleichung. Die gezielte Förderung von Frauen und Mädchen ist mittlerweile ein grundlegender Bestandteil modernen und aufgeklärten Lebens. Schon heute absolvieren mehr Frauen als Männer erfolgreich ihr Studium, und in den Schulen sieht es ähnlich aus.

Gleicherstellung

Neben einigen vernünftigen und von weiten Teilen der Gesellschaft für gut befundenen Maßnahmen gibt es jedoch auch solche, die ganz offensichtlich weit über das eigentliche Ziel hinausschießen. Sie sind nicht Teile einer vernünftigen und Gleichberechtigungspolitik, sondern eher feministische Auswüchse. So wurde 2013 an der Universität Leipzig beschlossen, künftig alle offiziellen Funktionsbezeichnungen nur noch im weiblichen Plural zu nennen: Aus den „Professorinnen und Professoren" wurden „die Professorinnen". Ist das noch Gleichstellungspolitik in ihrem eigentlichen Sinn?

Im selben Jahr entbrannte in Berlin ein Streit über die Benennung von Straßennamen: Da ein Großteil der Straßen bislang nach Männern benannt worden waren, hatte die Bezirksverordnetenversammlung von Friedrichshain-Kreuzberg schon im Jahr 2005 den Beschluss gefasst, dass Straßen und Plätze zu 50 Prozent nach Frauen benannt und daher künftig Männer nur in Ausnahmefällen Namenspatronen von Straßen und Plätzen werden sollen, um Schritt für Schritt diese Quote zu erreichen. Zum Konflikt kam es bei der Benennung des Platzes vor dem Jüdischen Museum in Berlin. Das Bezirksparlament sträubte sich, den Ort nach dem jüdischen Philosophen und Aufklärer Moses Mendelssohn zu benennen – nicht, weil er Jude, sondern weil ein Mann war.

Dass hier nicht nur die Bedeutung der Persönlichkeit von Moses Mendelssohn relativiert, sondern auch Geschichte kurzerhand nach heutigen moralischen Maßstäben umgedeutet und sogar ausgeblendet wird, scheint den Protagonisten dieser Posse überhaupt nicht bewusst zu sein. Schließlich einigte man sich darauf, man könne den Platz ja in „Moses-und-Fromet-Mendelssohn-Platz" umbenennen. Fromet Mendelssohn war zwar keine historische Figur wie ihr Gatte – aber eben eine Frau.

Man könnte es sich leicht machen und derlei Kopfschütteln auslösende Possen einfach als Stilblüten einer ansonsten akzeptablen Grundausrichtung des gesellschaftlichen Denkens abtun. Aber vielleicht macht man es sich damit ein bisschen zu leicht, denn schließlich stammen diese Auswüchse nicht aus radikalfeministischen Außenseiterinnengruppen, sondern sind tief in den politischen und wissenschaftlich-akademischen Apparaten sowie mittlerweile auch im gesellschaftlichen Alltagsdenken verwurzelt.

Frauenbewegung von oben

Die klassische Frauenbewegung existiert nicht mehr; dies aber nicht, weil sie gescheitert ist, sondern weil einige ihrer zentralen inhaltlichen Aspekte – sowie deren Vertreterinnen – in den Zentren der Macht und in der Mitte der Gesellschaft angekommen sind. Tatsache ist: Das allmähliche Einschlafen der Frauenbewegung ging einher mit einer deutlichen Verbesserung der gesellschaftlichen Stellung von Frauen – und mit der Etablierung feministischer Gesellschaftstheorien an den Universitäten. Nie waren Frauen öffentlich anerkannter und präsenter, nie war offen herablassendes Verhalten gegenüber Frauen geächteter als heute. Nicht zu Unrecht wird das 21. Jahrhundert als das „weibliche Zeitalter" beschrieben.

Zumeist jedoch verändern sich politische Projekte und Zielsetzungen auf dem Marsch durch und in die Institutionen sehr grund-

legend. Dies gilt auch und gerade für die Frauenpolitik und ihre Forderung nach der Gleichberechtigung. Auch wenn es auf den ersten
Blick anders zu sein scheint: Der modernen Gleichstellungspolitik,
die heute in Europa verfolgt wird, geht es nur vordergründig um den
gleichberechtigten Zugang von Männern und Frauen zu den Schalt-
zentralen der Macht.

Tatsächlich findet jenseits von Quotendebatten und Sexismus-
Vorwürfen ein Ringen um neue Wertvorstellungen statt: Der Bezug
zur klassischen Frauenpolitik besteht darin, dass diese Werte den
Geschlechtern zugeschrieben werden. Aus der traditionellen Frauenbewegung, die „von unten" gesellschaftliche Missstände (zu
Recht) anprangerte, ist eine „Frauenbewegung von oben" geworden, die danach strebt, das Verhalten der Menschen zu regulieren
und zu verändern.

Mit der Lebenswirklichkeit der meisten Frauen und Männer haben die Prestigeprojekte wie die Frauenquote in Aufsichtsräten natürlich nichts zu tun. Dies nicht nur, weil durch die ab 2016 in
Deutschland geltende dreißigprozentige Quote gerade einmal knapp
100 Frauen zusätzlich in die Gremien einzögen, wie eine Anfang
2014 veröffentlichte Studie des Consultinghauses Kienbaum zeigte.
Irrelevant ist die Aufsichtsratsquote für die überwiegende Mehrheit
von Frauen (und Männern) auch, weil nur ein kleiner Teil von ihnen
überhaupt solche Karriereziele verfolgt. Tatsächlich sind Machtstre-
ben und Karrierismus in Politik und Wirtschaft alles andere als populär – bei Frauen wie bei Männern.

In der sozialen Realität zählen für die meisten Menschen ganz
andere Frage- und Problemstellungen, wie etwa der seit langem an-
gekündigte, aber weiterhin nicht realisierte großflächige Ausbau von
Kinderbetreuungsangeboten, der es beiden Elternteilen einfacher
machen würde, ins Berufsleben zurückzukehren, so sie dies wünschen. Dass dieser Ausbau bis heute nicht gelang, ist nicht auf
männliche Arroganz zurückzuführen: Die dafür zuständigen Bun-
desministerien werden seit Jahren von Frauen geleitet. Doch offensichtlich brüstet man sich lieber mit der Aufsichtsratsquote und tut

alles dafür, diese von der weitaus kostspieligeren Frage der Kinderbetreuung getrennt zu behandeln.

Die hohe Belastung als Berufstätige einerseits und als Mutter andererseits ist bis heute das drängendste und ungelöste Problem für Familien. Von „mehr Karrierefrauen in Aufsichtsräten" erhoffen sich hingegen nur wenige wegweisende Verbesserungen. Zu groß ist der generelle Zynismus gegenüber „denen da oben" – und das betrifft Männer wie Frauen, in der Wirtschaft wie auch in der Politik.

Die Gegenaufklärung trägt Frauenkleider

Die Vorstellung, Macht und Einfluss korrumpiere und verderbe den Charakter, ist bei beiden Geschlechtern vorhanden, und er bezieht sich auch auf beide. Und dennoch gelten viele der gängigen Sichtweise nach sich durch den Einfluss von Macht und Geld herausbildenden Eigenschaften wie Karrierismus, Ellenbogenmentalität, Macht- und Geldgier als „typisch männlich". Zu diesen gehören des Weiteren: das Streben nach Wachstum, der Hang zu Brutalität und zu rücksichtsloser Gewalt, die kühle Rationalität sowie die Technikbesessenheit und -gläubigkeit, der übersteigerte Ehrgeiz, die daraus folgende Korruptheit und nicht zuletzt der politische Machbarkeits-Fanatismus. Außerdem zeichnet sich „das Männliche" einer populären Lesart folgend durch den Mangel an Demut, Sinnlichkeit, Emotionalität, sozialem Gewissen und menschlicher Empathie sowie durch den Mangel an persönlicher Tiefe und familienorientierter Ausgeglichenheit aus.

Diese Werte und Eigenschaften, die bei „Männern" als mangelhaft oder unterentwickelt gelten, werden oft als die besonderen Stärken von Frauen genannt und daher gemeinhin als „weibliche Werte" bezeichnet. Diese „femininen Eigenschaften" stellen somit den Gegenpol zur althergebrachten Maskulinität dar. Menschen mit weiblichen Attributen gelten zudem als ausgeglichener, umgänglicher, kreativer, stabiler und verlässlicher. Sie vereinen die Eigenschaften, die gemeinhin im positiven Sinne als „menschlich" angesehen werden.

Anders gesagt: Auf der Ebene von Wertzuschreibungen ist „Männlichkeit" out und „Weiblichkeit" in. Diese Zuschreibungen sind heute weitgehend konsensfähig, und dies unabhängig davon, ob es nun Männer oder Frauen sind, die diese Werte verkörpern. Deshalb werden insbesondere Karrierefrauen argwöhnisch beäugt, vermutet man bei ihnen doch nicht selten eine Anbiederung an gängige „männliche" Gepflogenheiten und daher unmittelbaren Verrat. „Maskuline Frauen" stehen auf der Beliebtheitsskala daher sogar noch unterhalb der traditionellen Macho-Männer.

Diese Wertedimension wird in der Diskussion über das Verhältnis zwischen Männern und Frauen häufig ausgeblendet. Dabei ist sie die eigentlich entscheidende: Sie liefert kontinuierlich Treibstoff dafür, dass trotz der ständigen Verbesserung der gesellschaftlichen Situation von Frauen dem Frauenthema niemals die Luft ausgeht. Gerade die Debatte über die Frauenquote in der Wirtschaft unterstreicht dies: Die Befürworter von Quotenregelungen argumentieren zuweilen sogar ganz offen, es gehe ihnen darum, „weiblichen Werten" zum Durchbruch zu verhelfen und die Dominanz des „männlichen Denkens" zu brechen, was nur über die Einführung von Frauenquoten zu bewerkstelligen sei.

Zudem könne es mithilfe der Quote gelingen, dass erfolgreiche Frauen selbst zu Vorbildern für andere Geschlechtsgenossinnen würden. Und obwohl schon an diesen Formulierungen deutlich wird, dass Frauen eher als Träger bestimmter Wertvorstellungen und nicht so sehr als wertvolle und erfolgreiche Individuen in der Wirtschaft „gebraucht" werden – die Quotenforderungen sind beliebt, da sie in ihrer Klarheit an die Verbalradikalität der alten Graswurzel-Frauenbewegung erinnern.

Dass diese Konzentration auf Werte aber in Wirklichkeit Frauen sogar am gesellschaftlichen Aufstieg hindert, wird hingegen ausgeblendet. Immer wieder weisen beruflich erfolgreiche Frauen darauf

hin, dass die Einführung der Quote dazu führe, Frauen mit Vorbild-
potenzial schon jetzt zu „Quotenfrauen" abzustempeln und somit
deren Reputation zu untergraben. Auch der Hinweis auf den Mangel
an weiblichen Vorbildern ist zweifelhaft. Nicht wenige und interessanterweise gerade auch junge Erwachsene vertreten die Auffas-
sung, dass Frauen aufgrund ihrer spezifisch weiblichen Charakter-
stärken entweder in den (gesellschaftlich nur wenig anerkannten)
Sozialberufen oder gar gänzlich außerhalb des Berufslebens in der
Kindererziehung schlechthin besser aufgehoben seien. Dass insbesondere junge Frauen vielfach diese Ansicht teilen, liegt nicht am
Mangel weiblicher Karrierevorbilder, sondern an der gängigen Ablehnung „männlicher" Charakterzüge und karriereorientierter Le-
bensentwürfe.

Jetzt könnte man zu Recht die Frage stellen, wer denn eigentlich
ein Interesse an einer solchen geschlechtsspezifischen Zuweisung
von Werten und Charakterzügen haben und wem das nutzen soll,
wenn nicht einmal die Frauen selbst davon profitieren. Und genau
diese Frage ist es, die die frauenfreundliche und progressive Tarnung des Zeitgeistes auffliegen und sein tatsächliches Prinzip end-
gültig offensichtlich werden lässt.

Die Popularität der als „weiblich" eingestuften Werte ist nicht
verwunderlich: Sie passen einfach sehr viel eher in unsere Zeit und
zum aktuellen Zeitgeist. Denn der als „männlich" geltende Anspruch, in Gesellschaft, Politik oder Wirtschaft etwas zu bewegen,
sich für große Ziele einzusetzen und der Welt seinen eigenen Stem-
pel aufzudrücken, büßt erheblich an Zustimmung ein. Bewundert
und akzeptiert werden heute nicht unbedingt die erfolgsorientier-
ten und ambitionierten Machertypen, sondern eher diejenigen, die
sich solchen Ambitionen und Anforderungen entziehen, die nach Alternativen jenseits der viel kritisierten „Leistungsgesellschaft" suchen und die ihr Glück in Bescheidenheit, Balance und Verzicht auf
große Ziele finden. Dies sind allesamt Vorstellungen, die gemeinhin
als Abkehr vom traditionell männlichen Rollenverständnis gelten –
und die in eine Gesellschaft, in der dem Verzicht, dem Sparen und

der individuellen Zurückhaltung ein so hoher moralischer Stellenwert eingeräumt wird wie der unsrigen, passen wie die Faust aufs Auge. Der aktuelle Zeitgeist ist weiblich.

Gesellschaftsgestaltung per Dekret

Aber es gibt noch eine zweite Erklärung für die große Popularität von Frauenfragen, insbesondere in traditionell konservativen Kreisen: Denn wenn eine Gesellschaft große Teile ihrer Probleme, ihrer internen Konflikte oder ihrer Mängel letztlich darauf zurückführt, dass „die Menschen eben so sind, wie sie sind" (oder in diesem Falle eben „die Männer von sich aus gar nicht anders können"), dann verändert sich ihr Verhältnis zu Veränderung: Sie konzentriert sich dann weniger darauf, grundsätzliche strukturelle Verbesserungen zu bewirken, sondern fokussiert ihre Anstrengungen stattdessen darauf, das Verhalten ihrer Bürger zu beeinflussen und strikter zu regulieren, um auf diese Weise Fortschritte zu erzielen oder zumindest Stabilität zu erzeugen.

Genau dieser Prozess charakterisiert die heutigen politischen Prozesse in Europa. Das Selbstverständnis von Politik und damit das Verhältnis zwischen den politisch Agierenden und dem Wahlvolk verändern sich schleichend, aber grundlegend. Immer seltener handeln die gewählten Entscheidungsträger – so sie denn überhaupt gewählt sind – in dem Bewusstsein, sich als Beauftragte des demokratischen Souveräns, der Bürgerschaft, vor diesem rechtfertigen zu müssen. Stattdessen gelangen sie schrittweise in eine Position, in der ihnen eine pädagogische und erzieherische Funktion zuteilwird. Diese Tendenz ist kein neues Phänomen, sie erfährt aber seit rund zwei Jahrzehnten eine erhebliche Beschleunigung.

Mittlerweile hat dieser pädagogische und therapeutische Impuls eine neue Qualität erlangt. Betrachtet man das heutige Agieren in Politikerkreisen ein wenig genauer, so stellt man fest, dass sich dort eine Sichtweise etabliert, der zufolge Veränderungen nicht mehr durch eine Verbesserung der Alltagswirklichkeit der Menschen, also durch eine Vergrößerung individueller Gestaltungs-, Entfaltungs- und Verantwortungsräume, sondern viel besser durch eine möglichst umfassende Regulierung und Ordnung individueller Lebens- und Arbeitsverhältnisse bewerkstelligt werden können.

Anstatt also Freiheiten und Verantwortlichkeiten zu verteidigen oder zu vergrößern, die Fortschritte im Sinne einer wirklichen „Emanzipation" (verstanden als Akt gesellschaftlicher und politischer Selbstbefreiung und -ermächtigung) ermöglichen und dadurch konstruktive Kräfte und Potenziale freisetzen, bricht immer ungehemmter der Impuls durch, per Gesetz und Kontrolle Veränderungen von oben zu kontrollieren oder aber zu erzwingen. Begünstigt wird diese Entwicklung durch die sich parallel ausbreitende Desillusionierung der Menschen hinsichtlich ihrer eigenen Fähigkeit, Veränderungen aktiv herbeiführen zu können. Jede warum auch immer gescheiterte Aktion, sei es nun auf lokaler oder auf internationaler Ebene, verfestigt diese Frustration und bestätigt die Schlussfolgerung, das alles bringe nichts, da „die Menschen tatsächlich so sind, wie sie eben sind".

Für die politische und demokratische Kultur hat dieser Fatalismus tiefgreifende Konsequenzen: Da „die Menschen" letztlich als Ursache für das Scheitern selbstinitiierter und selbstverantworteter Veränderungsprozesse „von unten" angesehen werden, bleibt logischerweise auch die Gegenwehr gegen „von oben" verordnete Regulierungsprogramme aus. Diese werden zwar vielfach skeptisch beobachtet und auch zynisch kommentiert, aber eben in zunehmendem Maße auch gefordert und begrüßt. Die die europäischen Gesellschaften durchziehende Desillusionierung mit „den Menschen" hat ein historisches Niveau erreicht. Selbst diejenigen, die sich engagieren, einmischen und protestieren, tun dies mehrheitlich, da sie dem „Treiben der Menschen", dem gedankenlosen Verhalten, der Passivität und der moralischen Verwerflichkeit nicht mehr tatenlos zusehen wollen. Dementsprechend basieren ihre Forderungen fast immer auf der Prämisse, dass die Verhältnisse nur durch eine verstärkte Regulierung zum Besseren gewendet werden können. Und selbstverständlich nimmt jede Regierung diese mehr oder minder explizite Einladung zur „Gesellschaftsorganisation von oben" dankbar an.

Wahrscheinlich hat noch nie in der Geschichte der Demokratie ein „Souverän" freiwillig seinen politischen Repräsentanten so viele Regulierungskompetenzen – bis hinein in die privatesten Lebenszusammenhänge – übertragen wie heute: Er verlangt von „der Politik" nicht mehr als die lückenlose Gestaltung und Organisation der kompletten Gesellschaft in all ihren zivilgesellschaftlichen Sphären bis hinein in ihre kleinsten Nischen: von den Märkten über die mediale Öffentlichkeit bis hinein in die kleinste Eckkneipe – und in die Schlafzimmer.

Für diese Form der „Gesellschaftsgestaltung von oben" eignet sich die Gleichstellungsthematik hervorragend – wahrscheinlich sogar besser als jedes andere Thema. Gerade die in den letzten 50 Jahren erreichten Fortschritte in Bezug auf die gesellschaftliche Stellung der Frauen werden heute als Paradebeispiele dafür angeführt, dass es noch viel weitergehender staatlicher Intervention in das Leben der Menschen geben müsse, um soziale wie auch zwischenmenschliche Probleme zu lösen.

Heute sind es gerade Feministinnen, Frauenrechtlerinnen sowie Wissenschaftlerinnen in den „Gender Studies", die von der Politik weitere Schritte fordern, die über die einfache Gleichstellung von Frauen hinausgehen müssten. Die Unterschiedlichkeit der Berufsbiografien von Frauen und Männern sowie die Unterrepräsentanz von Frauen in Führungspositionen gelten dafür als handfeste Belege. Gefordert wird eine Politik, die sich nicht auf der formalen Gleichbehandlung ausruht, sondern durch gezielte Frauenförderung, auch im Sinne einer „Positivdiskriminierung", die Möglichkeiten von Frauen verbessert. Dies ist der Grundgedanke des sogenannten „Gender-Mainstreaming", eines Politikansatzes, der seit 1999 das offizielle Gerüst der Gleichstellungspolitik der Europäischen Union bildet.

Projekt FeminisiEr(zieh)ung

Das Gleichstellungsthema ist aber auch deswegen ein so dankbarer Regulationsansatz, da er sich mit vermeintlich tiefsitzenden, wenn nicht sogar als natürlich oder genetisch festgeschrieben geltenden geschlechtsspezifischen Verhaltensmerkmalen befasst, bei denen man gemeinhin davon ausgeht, dass sich das einzelne Individuum darüber gar nicht hinwegsetzen kann – selbst wenn es das will. Dieser Logik folgend bedarf es dringend des regulierenden, erziehenden Einflusses oder gar der „therapeutischen Behandlung", um Männer bei der Überwindung ihrer „angeborenen" Frauenfeindlichkeit zu unterstützen und Frauen ihre naturwüchsige anpasslerische Devotion auszutreiben. Ausgehend von dieser Sichtweise gilt die klassische Politik der Gleichberechtigung, die sich lediglich als Bereitstellerin rechtlicher Rahmenbedingungen verstand, logischerweise als ungenügend und sogar als kontraproduktiv. Für die feministisch inspirierte Argumentation liegen die Hauptursachen für die fortbestehenden Unterschiede zwischen Männern und Frauen nicht allein in der mangelhaften Ausgestaltung gesellschaftlicher Strukturen, sondern darin, dass diese Ausdruck männlicher Dominanz und männlichen Denkens sind.

Die Akzentverschiebung wird deutlich: Das Problem sind nach dieser Lesart nicht in erster Linie konkrete gesellschaftliche Mängel, das Problem sind die Männer, die in ihrer naturgegebenen maskulinen Identität und in ihrem maskulinen Wertegebäude gefangen sind und daher gar kein eigenes Interesse an einer Stärkung der Position der Frauen entwickeln können. Da die Benachteiligung von Frauen als Manifestation individueller psychischer und geschlechtstypischer Ausformungen interpretiert wird, erscheint lediglich eine Politikform einen Ausweg zu bieten, die auf therapeutische Erziehungsmaßnahmen und autoritäre Kontrollregime setzt. Und diese Politikform entspricht haargenau dem heutigen Zeitgeist, der auf dem Misstrauen sowohl gegenüber dem Individuum als auch gegenüber den Menschen insgesamt basiert und die Menschen in unterschiedliche Identitätsgruppen aufspaltet und gegeneinander ausspielt.

Im Ringen um Aufsichtsratsquoten, Mütterrenten und Betreuungsplätze kommt diese Dimension des Frauenthemas so gut wie nicht zur Sprache. Der Zeitgeist ist bestens geschminkt und frisiert. Selbst Quotengegner und Feminismuskritiker verharren in ihrer Argumentation zu häufig auf der Ebene der gesetzlichen Zulässigkeit von geschlechtsspezifischen Sonderbehandlungen. Die Einschätzung, dass Menschen in ihrem Verhalten und Denken entscheidend von ihren geschlechtsspezifischen Charakteristika geprägt sind und diese nicht überwinden können, ist mehrheitsfähig – nicht nur unter Frauen, sondern gerade auch unter Männern!

So mögen einige Vertreter der „Männerbewegung" und des „Maskulinismus" hin und wieder berechtigte Kritik am Feminismus äußern: Eine tatsächliche Loslösung von der geschlechtsbasierten Argumentation findet aber nicht statt. Auch Initiativen wie die, Männern in einer „durch und durch feminisierten" Welt durch die Inthronisierung von „Männerbeauftragten" eine Stimme zu verleihen, fällt auf die geschlechtliche Maskerade des Zeitgeists herein: Gegen die künstlich erzwungene Separierung gesellschaftlicher Gruppen helfen keine Schuldzuweisungen zwischen den Gruppen. Stattdessen sollten beide erkennen, dass auf ihrem Rücken und unter „Missbrauch" ihres Geschlechts ein Wertesystem errichtet wird, das alle gleichermaßen entmündigt und in starre Wertegefängnisse einsperrt.

Notwendig wäre weiterhin, dass Menschen beiderlei Geschlechts unter Beweis stellen, dass sie auch ohne therapeutische Gängelung und genderspezifische Umerziehung einander unvoreingenommen und auf Augenhöhe begegnen und gemeinsam Missstände anzugehen und Probleme lösen können. Die Gesellschaft braucht mehr Männer und Frauen mit Eiern. Emanzipation ist gefragt wie nie – als Befreiung von Frauen und Männern aus den neuen Geschlechtergefängnissen, die sie daran hindern, gemeinsam ihr Menschsein zu entwickeln.

Genusskulturkampf

> *Mäßigkeit setzt Genuss voraus, Enthaltsamkeit nicht. Es gibt daher mehr enthaltsame Menschen als solche, die mäßig sind.*
> Georg Christoph LICHTENBERG,
> Physiker und Schriftsteller

Was bevorzugen Sie: ein gutes Essen, Mountainbiking im Himalaya, eine feucht-fröhliche Kneipentour mit Freunden, die Lektüre eines guten Buches oder einen Theaterbesuch, eine Auspeitschung im SM-Studio oder den Besuch eines Wellness-Tempels? Was es auch immer ist: es ist Ihre Sache, und es sei Ihnen gegönnt. Für jeden Menschen ist Genuss etwas anderes, vor allem aber Geschmackssache. Punkt. Oder etwa doch nicht? Leben wir denn nicht in einer Gesellschaft, der die Menschen heute ein nie dagewesenes Angebot haben, sich Genüssen hinzugeben, in der sie sich aber auch mehr denn je über den Genuss definieren? Tendieren wir nicht heute immer stärker dazu, Menschen nach ihrem Geschmack zu beurteilen, bestimmte Lebensstile zu kritisieren und so manche Genussform heute für inakzeptabel zu halten?

Es ist richtig, dass in vielen Bereichen des Lebens das Streben nach Genuss, und sei es nur in Form kleiner Genussmomente, nicht nur praktizierte Realität, sondern sogar ein zentrales Lebensziel ist. Man kann durchaus sagen: Wir leben in einer Genussgesellschaft. Nicht, weil wir uns jeden Genuss leisten könnten, sondern weil Genuss eine der wenigen individuellen Zielsetzungen ist, die die Gesellschaft in Bewegung hält. Viele andere Triebfedern gesellschaftlicher Entwicklung haben ihre Schwungkraft verloren. In dem Maße, in denen viele öffentlichen Bereiche des Lebens – also der Beruf, der gesellschaftliche Austausch, das organisierte Engagement in Vereinen, Gewerkschaften, Kirchen, Initiativen oder Parteien etc. – in den Vorstellungen eines erfüllten Lebens an Bedeutung verlieren, erfahren private Ausrichtungen und somit auch das Ausleben der eigenen Individualität über verschiedenste Hobbies oder Genussformen eine starke Aufwertung.

Turbo-Privatheit als öffentliches Statement

Diese Aufwertung hat jedoch unweigerlich Nebenwirkungen: Wenn „privaten" Vorlieben, Lebensstilen und Vorstellungen in der Gesellschaft insgesamt eine größere Bedeutung beigemessen wird, hören sie auf, Privatangelegenheiten zu sein. Je mehr sich Menschen über Eigenschaften oder Neigungen definieren, die eigentlich Privatsachen sind, desto stärker tragen sie diese nach außen und desto öffentlicher und stärker öffentlichen Bewertungen ausgesetzt werden sie. Dies passiert nicht gegen den Willen der Menschen, sondern wird vielfach von ihnen forciert: Private Lebensstile sind angesichts des Bedeutungsverlusts anderer öffentlicher Orientierungen zu entscheidenden Merkmalen geworden, über die die eigene Identität definiert und gezeigt sowie andere be- und auch abgewertet werden. Das Private wird also tatsächlich öffentlich und „politisch", wie es schon die 68er forderten, jedoch in einem anderen Sinne: Die „Politisierung" des privaten Lebens, persönlicher Vorlieben und Genüsse vollzieht sich in dem Maße, in dem sich die Menschen aus der „politischen" Öffentlichkeit zurückziehen und ihr Glück im Privatleben suchen, das leider nicht mehr wirklich privat ist.

Betrachtet man heutige „politische" Debatten und Kampagnen, so wird deutlich, wie sehr sich diese mittlerweile um Themenkomplexe ranken, die man in der Vergangenheit als „Privatangelegenheiten" ansah: Eines der wichtigsten Themen ist das Konsumverhalten der Menschen. Nicht von ungefähr werden die Menschen heute immer seltener als „Bürger" und immer häufiger als „Verbraucher" bezeichnet. Ähnlich identitätsstiftend und damit öffentlich und „politisch" sind Themen wie Gesundheit oder Erziehung. Wer heute diese Bereiche als „privat" bezeichnet, läuft Gefahr, als problemverharmlosend beschimpft zu werden.

Die Politisierung des Privaten zerrt das Private an die Öffentlichkeit und macht es zum Gegenstand öffentlicher Begutachtung und Bewertung. Die Art und Weise, in der private Vorlieben gemustert und beurteilt werden, legt in einer Gesellschaft, die vom Misstrauen gegenüber „den Anderen" geprägt ist, die Freiheit des privaten Genießens in enge Ketten. „Über Geschmack lässt sich streiten" – dieser einstmals Toleranz gegenüber den privaten Vorstellungen und Vergnügungen anderer signalisierende Satz wird heute in immer weniger Bereichen noch als gültig empfunden. Einem verantwortungsbewussten Verbraucher, der über ethisches Konsumieren etwas bewegen will, ist es naturgemäß ein Dorn im Auge, wenn sich andere nicht an derlei Maßgaben halten und „Toleranz" einfordern.

Zwischen Rückzug aus Ausbruch

Die öffentliche Bewertung von Genussvorlieben vollzieht sich nach einem recht eindeutigen Muster: Je stärker der von speziellen Vorlieben ausgehende potenzielle Einfluss auf die Gesellschaft ist, desto genauer und kritischer wird hingeschaut. Je mehr sie ausschließlich nach „innen" orientiert sind, desto unproblematischer werden sie gesehen. Dementsprechend gilt die „Innen-Orientierung" von Genüssen zumeist als harmlos und gleichzeitig als gesellschaftlich gut verträglich und akzeptabel: Beispiele für diese Innen-Orientierung sind: das Es-Sich-Gemütlich-Machen in den eigenen vier Wänden, im Privatleben oder im eigenen Körper. Es geht dabei um private Abgeschiedenheit, das Für-sich-Sein und damit auch darum, sich eine Auszeit zu nehmen von der „Welt da draußen", den beruflichen und auch den (zwischen-)menschlichen Belastungen. Um diese Genüsse auszuleben, bedarf es zumeist keiner Öffentlichkeit und manchmal auch keiner anderen Menschen, die sie teilen. Im Folgenden werde ich diese Gruppe der Genüsse daher als „Rückzugs-Genüsse" bezeichnen – wohlwissend, dass es hier diverse Mischformen gibt und der Begriff letztlich nur eine Zuspitzung darstellt.

Im Gegensatz zu diesen Rückzugs-Genüssen gibt es eine Reihe anderer Genüsse, die in der gesellschaftlichen Akzeptanzliste nicht so hoch angesiedelt sind und daher wesentlich stärker auf dem Prüfstand und unter Beobachtung stehen. Zu diesen gehören viele, die häufig extrovertierter, geselliger Natur sind und öffentlichen Raum beanspruchen. Und es gehören auch solche dazu, die als explizit unvernünftig und gesundheitsschädigend gelten – und es manchmal tatsächlich auch sind. Die Frage, die in diesen Fällen häufig gestellt wird, lautet: Warum ist es so, dass Menschen, wenn sie sich Genüssen hingeben, oftmals Dinge tun, die sie ansonsten sich und anderen verbieten würden? Warum trinken wir gelegentlich einen über den Durst, wo wir doch wissen, dass es uns am nächsten Morgen nicht besonders gut gehen wird? Muss das denn sein?

Meine Antwort lautet: Ja, muss es! Weil diese Art von Genüssen zu einem nicht unerheblichen Teil gerade davon lebt, etwas zu tun, was man „eigentlich" nicht tun sollte. Es macht einen Großteil dieses Genussreizes aus, die Grenzen der Schicklichkeit, der Vernunft und des Anstands auszutesten und auch zu überschreiten, ohne diese dabei aber grundsätzlich infrage zu stellen. Viele Genusssituationen haben per se etwas leicht Wildes, Unvernünftiges und auch Unschickliches an sich: Wir genießen die Lust daran, etwas Verruchtes zu tun. Im Gegensatz zu introvertierten Genüssen, die vielfach einen zeitlich begrenzten Rückzug aus der Öffentlichkeit symbolisieren, sind viele extrovertierte Genüsse eher aktive Ausbrüche in die Öffentlichkeit hinein. In Abgrenzung zu den „Rückzugs-Genüssen" nenne ich diese Art von Genüssen daher „Ausbruchs-Genüsse".

Ausbruchs-Genüsse tendieren dazu, gelegentlich öffentliche Konflikte auszulösen. Und dennoch spricht wenig dafür, dass von ihnen eine grundsätzliche Gefährdung der öffentlichen Ordnung und Moral ausgeht. Schließlich ist der „Ausbruch" sehr wohl Teil von Tradition und Moral. Nicht umsonst etwa „feiern" Religionsgemeinschaften gemeinschaftlich Gottesdienste und allerhand Feiertage und tun im Rahmen dieser Feierlichkeiten Dinge, die man eigentlich sonst nicht tut: lautes Singen, gemeinsames Spazierengehen auf den Straßen, kollektives Weintrinken und Verbrüderungen mit fremden Menschen, rituelles Töten von Tieren oder gar Handlungen der angetäuschten öffentlichen Selbstgeißelung. Dass in der christlichen Liturgie, wie auch schon zuvor bei den antiken Ägyptern, neben Wein auch Weihrauch eine große Rolle spielt, kommt nicht von ungefähr: Seit langem ist bekannt, dass der Rauch des Weihrauchs das Gehirn stimuliert und gleichzeitig beruhigend wirkt und somit durch das Absenken bestimmter Handlungs- und Wahrnehmungsschwellen einen nicht unerheblichen Beitrag zur empfundenen „Heiligkeit" einer Situation beisteuert.

In katholischen Gotteshäusern wird der allgegenwärtigen Übertretung moralischer Sitten sogar baulich Rechnung getragen: Der öffentlich sichtbare Gang zur dann anonymen Beichte – und sehr oft beinhaltet diese die Schilderungen von die öffentliche Moral tangierenden Ausbruchs-Genüssen – in eigens dafür vorgesehenen „Beichtstühlen" inmitten von Kirchen und nicht etwa gut versteckt an deren Hinterausgängen ist ein wichtiger Eckpfeiler dieses Glaubens.

Wenn Öffentliches zur „Belästigung" wird

Das den Ausschweifungen des Ausbruchs-Genusses zugrundeliegende Prinzip, demzufolge man durchaus einmal „Fünfe gerade sein lassen" kann, ist tief im menschlichen Leben verankert. Und dennoch verändert sich die Bereitschaft der Gesellschaft, genussbedingte Ausschweifungen und Exzesse hinzunehmen. Es scheint, als gäbe es Epochen, in denen Menschen sich selbst und anderen mehr Ausbrüche gönnen als in anderen. In den meisten Fällen korreliert die Akzeptanz von genüsslichen Überschreitungen mit dem Vorhandensein von anderen Möglichkeiten, das nur zu menschliche Freiheitsbedürfnis ausleben zu können, sowie mit einer gewissen Robustheit, die man sich und anderen zubilligt. Es gibt einen ganz offensichtlichen Zusammenhang zwischen der gesellschaftlich geübten Toleranz gegenüber verschiedenen Ausbruchs-Genüssen und dem Grad der zulässigen individuellen Freiheit und Zwanglosigkeit.

Auch die Begründungen, mit denen Freiheiten und Genüsse eingeschränkt werden, sind einem Wandel unterworfen. Sehr häufig waren diese Gründe in der Vergangenheit religiöser Natur, zuweilen wurden sie – gerade auch in Kriegszeiten oder in Zeiten starker nationaler Bedrohungsgefühle – politisch begründet. Adolf Hitler etwa war ein ausgesprochener Verfechter von Rauchverboten: In der nationalsozialistischen Ideologie galt Tabakkonsum (auch in Form des „Passivrauchens", ein ebenfalls aus dieser Zeit stammender Begriff) als Verrat an der Reinheit des (Volks-)Körpers.

Nur mit Mühe konnte der damalige Reichsminister für Volksaufklärung und Propaganda, Joseph Goebbels, Hitler davon abhalten, den Soldaten die tägliche Ration von sechs Zigaretten zu verweigern. 1940 ordnete Hitler aber an, Zigarettenpackungen mit Warnhinweisen zu versehen und das Rauchen in den Schulen als eine schlimme Angewohnheit von Zigeunern, Schwarzen, Intellektuellen und Indianern zu brandmarken.

Genussfeindlichkeit ist unzivilisiert

Heute wird die Kritik an zahlreichen Ausformungen des Ausbruchs-Genusses nur noch selten klassisch religiös oder unmittelbar „politisch" begründet. Im Zentrum der aktuellen Auseinandersetzungen über „schädliche" Genüsse stehen insbesondere medizinische und ökologische Argumente sowie Hinweise auf die Belastung unbeteiligter Menschen wie auch der Gesellschaft. Das Besondere an den modernen Ausformungen der Genusskritik ist, dass nicht nur darauf verwiesen wird, dass man im (objektiven) Interesse der Genießenden argumentiere, sondern auch darauf, dass man sich für die Freiheit und die Unversehrtheit „Anders-Genießender" einsetze.

Während also die Nutzung bestimmter Genussmittel in geselliger Runde traditionell noch als Ausdruck eben dieser Geselligkeit gilt, zur Aufheiterung der Stimmung beiträgt und auch als das gemeinschaftliche Teilen von unbeschwerter Genuss-Lust verstanden wird, dreht sich in der zunehmend geselligkeits-, ausbruchs- und lustfeindlichen Genusskultur der Wind. Robert Pfaller beschreibt in seinem lesenswerten Buch „Wofür es sich zu leben lohnt" in bedrückender Eindrücklichkeit, wie in einer solchen Kultur Geselligkeit und Genuss – in diesem Falle der Genuss des Rauchens – als Zumutung empfunden werden. „Jede Raucherin (...) erscheint ihnen [den Nichtrauchern, M.H.] als gewalttätige Imperialistin eines obszönen Genießens, die ihre private Obsession in der Öffentlichkeit ausbreitet und damit nicht allein die Gesundheit der anderen bedroht, sondern auch deren seelische Reinheit und Lust-Autonomie, das heißt: deren narzisstische Integrität. (...) Der gesellige Altruismus mutet als rücksichtsloser Egoismus an; die weltläufige Überwindung von Intimität als Vergewaltigung durch fremde Intimität. Gerade das Angebot von Zivilisiertheit erscheint als ultimative, brutale Barbarei." (S. 30f.)

Es ist also in erster Linie der öffentliche Ausbruchs-Genuss, der, da er ja potenziell das Körper- und Seelenheil anderer gefährden könnte, häufig als schamlos und anstößig und daher als regulationsbedürftig angesehen wird. Das öffentliche Ausleben solcher Ausbrüche und Übertretungen widerspricht der modernen, immer stärker introvertierten, vernunftgesteuerten und daher auch zuweilen lustfeindlichen Genusskultur, die die unbedingte Umwelt- und Sozialverträglichkeit sowie die Vernünftigkeit und Nachhaltigkeit des Genusses fordert.

Schutz vor Freiheit?

Was den Ausbruchs-Genuss vom Rückzugs-Genuss unterscheidet, ist seine Kompatibilität mit einer Gesellschaft, in der die Möglichkeiten, individuelle Freiheit auszuleben, einem steten Wandel unterworfen sind. Für den privaten Rückzug von den öffentlichen Flächen bedarf es keiner Erlaubnis – solange das eigene Funktionieren nach außen hin einigermaßen gewahrt bleibt. Rückzug beansprucht keinen öffentlichen Platz; was er braucht, ist im Gegenteil Nichtöffentlichkeit, Ungestörtheit und Ungeselligkeit – damit passt er viel besser zum modernen Zeitgeist. Und deshalb ist der Prototyp des Rückzugs-Genießers auch nur in den seltensten Fällen bereit, sich gegen die Beschränkung der Freiheit von Ausbruchs-Genießern einzusetzen.

Wer seine Freiheit zuvörderst darin sucht, möglichst unbehelligt zu bleiben, findet nur selten den Weg in die Öffentlichkeit, um die Freiheiten und Rechte derjenigen zu verteidigen, vor deren Behelligung er eigentlich verschont bleiben möchte. Eventuelle Beschneidungen von bürgerlichen Freiheitsrechten (die ja auch immer bestimmte Freiheiten beinhalten, Unvernünftiges zu tun) rufen daher eher den Protest von Menschen hervor, die ihr Heil nicht in Flucht und Rückzug suchen, sondern die möglichst freie Bewegung im öffentlichen Raum als grundlegenden Bestandteil ihres Lebens verstehen.

Der idealtypische Ausbruchs-Genießer ist eher dafür prädestiniert, sich aktiv in Auseinandersetzungen mit dem Ziel der Verteidigung von Freiheiten zu begeben als der Rückzugs-Genießer, der vor allen Dingen „seine Ruhe" haben will, koste es, was es wolle. Die andauernden Auseinandersetzungen in Deutschland über Rauchverbote zeigen dies sehr deutlich: Der klassische Rückzugs-Genuss (öffentlich nicht von Zigarettenrauch behelligt werden) gilt heute als höherwertiger als der Ausbruchs-Genuss (öffentliches Rauchen). Während aber Gegner von Rauchverboten immer wieder mit öffentlichen Kampagnen gegen die aus ihrer Sicht freiheitsbeschneidende Verbotskultur gemeinschaftlich vorzugehen versuchen, hat es noch nie und nirgendwo eine öffentliche Demonstration gegeben, auf der im wahrsten Sinne des Wortes „die Freiheit des Nichtrauchers" verteidigt wurde.

Auch das bayerische Volksbegehren von 2009 forderte nicht „Freiheit" für Nichtraucher, sondern setzte sich „für echten Nichtraucherschutz" ein. Der staatlich durchzusetzende Schutz des Rückzugs-Genusses stand der Freiheit zum Ausbruchs-Genuss gegenüber – und erhielt eine Mehrheit. Dies zeichnet die introvertierte und vernunftgesteuerte Genusskultur unserer Tage aus: Ihr Leitmotiv ist die Eindämmung öffentlicher Ausbruchs-Genüsse mit dem Ziel, den verantwortungsbewussten Rückzugs-Genuss vor verantwortungslosen Störern zu schützen.

Es gibt viele Beispiele dafür, dass Menschen gegen den Vorrang des streng vernünftigen und unbedingt sozialverträglichen Rückzugs-Genusses reagieren und sich zuweilen kollektiv Ausbruchs-Genüssen hingeben. Ohne das seit Jahren zu beobachtende Verschwinden der öffentlichen, geselligen und unbeschwerten alltäglichen und öffentlichen Genusskultur wäre beispielsweise das Phänomen der „Public-Viewing"-Euphorie bei Großereignissen wie Fußball-Welt- und -Europameisterschaften kaum zu erklären. Was man hier beobachten kann, ist weder ein gefährliches Aufleben alter Nationalismen (zwei Wochen nach der Fußball-Weltmeisterschaft waren die Deutschland-Fähnchen verschwunden, sie lagen wie in Massengräbern auf den Seitenstreifen der Autobahnen), noch eine tiefgehende Begeisterung für den Fußballsport (lauschen Sie einfach mal den „Experten-Gesprächen" vor den Großleinwänden, und Sie werden verstehen, was ich meine).

Es geht um das Erleben und Genießen von ausschweifender Kollektivität und einer wie auch immer begründeten gemeinsamen Identität im öffentlichen Raum, um das massenhafte Ignorieren üblicher Gepflogenheiten, ja sogar um den bewussten Verstoß gegen Recht und Ordnung, spätestens dann, wenn man nach Spielende im Autocorso den Straßenverkehr lahmlegt. Dass und wie sich dieses Phänomen in den letzten Jahren entwickelte, ist eine direkte Folge der zunehmenden Regulierung und Verengung des öffentlichen Raumes sowie der fortschreitenden Vereinzelung, aus der sich die Menschen gelegentlich „eruptiv" befreien wollen und dafür Anlässe suchen und schaffen.

Die Sucht nach Verboten

Da Ausbruchs-Genüsse häufig eine leicht aufmüpfige Note haben und auch die Übertretung von Normen beinhalten, sind sie natürlich viel eher dazu geeignet, für moralische Entrüstung zu sorgen. Die Wahrscheinlichkeit, dass übersteigertes Meditieren oder „Koma-Saunieren" aufgeregt als gesellschaftliches Suchtproblem diskutiert wird, ist überschaubar. Alkoholkonsum von Jugendlichen ist hingegen immer eine Schlagzeile wert. Dies, obwohl im „Jahrbuch Sucht 2013" der Deutschen Hauptstelle für Suchtfragen (DHS) nachzulesen ist, dass sich der Alkoholkonsum bei Jugendlichen innerhalb der letzten 30 Jahre nahezu halbiert habe und der durchschnittliche Alkoholverbrauch in Deutschland von 11,1 Litern reinem Alkohol im Jahr 1995 auf 9,6 Liter im Jahr 2011 gesunken sei. Nichtsdestotrotz hat die Berichterstattung über den vermeintlichen Jugend-Trendsport „Komasaufen" dazu geführt, dass die Forderung nach massiver Einschränkung des Alkoholausschanks sich einer breiten Zustimmung erfreut.

Erneut drückt sich hier der Zeitgeist durch: Die Annahme, dass Menschen immer weniger mit gewährten Freiheiten umzugehen in der Lage sind, erscheint so überzeugend, dass man, ohne diese Annahme überhaupt noch überprüfen zu wollen, bereit ist, alle möglichen Genüsse grundsätzlich zu reglementieren oder gleich ganz zu verbieten.

Die strenge Reglementierungen von Werbung für und Konsum von „Suchtmitteln" – der Begriff des „Genussmittels" gilt mittlerweile als verharmlosend – beschränken sich im Übrigen nicht nur auf

Produkte, die in einem unmittelbaren Zusammenhang mit der Entwicklung von traditionellen „Süchten" stehen. Neben der Tabak- und der Alkoholsucht haben etliche weitere Süchte in den letzten Jahren öffentliche Beachtung erlangt: Zu diesen gehören u.a. Spielsucht, Fresssucht und Magersucht, Internetsucht, Kaufsucht und Sexsucht. Schenkt man den Schilderungen zahlreicher Suchtbeauftragter Glauben, so muss man davon ausgehen, dass die Menschen immer maßloser werden bzw. verlernt oder nie gelernt haben, Maß zu halten. Diese Sichtweise deckt sich mit der ebenfalls immer häufiger anzutreffenden Wahrnehmung, der zufolge „die Leute" – gemeint sind immer die „Anderen" – immer gieriger und selbstbezogener werden.

Gestatten Sie mir ein kleines Gedankenexperiment: Nehmen wir einmal für einen Moment an, es gäbe tatsächlich immer mehr Menschen, die nicht mehr in der Lage wären, maßvoll mit den vielfältigsten Genüssen dieser Welt umzugehen: Welche Erklärungen könnte es dafür geben? Jeder Mensch, der auch nur entfernt mit praktischen Fragen der Kindererziehung zu tun hatte oder sich an seine eigene erinnert, weiß, dass das Thema „Grenzensetzen" ein ebenso wichtiges wie heikles Thema ist. Immer wieder stellen sich Fragen wie etwa die, wie lange ein Kind Fernsehen oder wie viele Gummibärchen es essen dürfen soll. Manche Eltern reglementieren diese Konsumformen sehr stark, andere sehen die Frage gelassener, und wieder anderen ist es vielleicht egal, wie lange ihre Kinder vor der Glotze sitzen und Süßigkeiten inhalieren, oder aber sie können sich gegen ihre Sprösslinge nicht durchsetzen und haben resigniert.

Es stellt sich die Frage, wie am ehesten erreicht werden kann, dass ein Kind nach einer angemessenen Zeit aus sich selbst heraus die Fähigkeit entwickelt, den Fernseher auszuschalten und die Süßigkeiten wegzulegen. Ich würde behaupten, dass viele Kinder diese Fähigkeit am ehesten dann entwickeln, wenn Fernsehen und Süßigkeiten nicht die einzigen und keine allzu streng rationierten „Genuss-Ressourcen" sind. Es ist in vielen Fällen gerade die aus gut gemeinten erzieherischen Gründen erzeugte Knappheit von Genüssen, seien es Fernsehsendungen, Spielangebote, Kinderriegel, Zuneigung oder sonstiges, die zu Fixierungen und Fetischisierungen führt und das Erlernen des Maßhaltens – also das Entwickeln eigener, vernünftiger Grenzen, Vorlieben und Interessen – blockiert.

Kinder, die aufgrund des Fehlens solcher Freiräume nicht hinreichend die Möglichkeit hatten zu lernen, die eigenen Freiräume selbst zu schaffen (und zu begrenzen), können im späteren Leben mitunter Probleme damit haben, Freiheiten zu genießen und Grenzen zu akzeptieren. Ihr Genussverhalten nimmt dann häufig die Form einer unmittelbaren Auflehnung gegen angenommene Freiraumbegrenzungen an. Ein entspannter Umgang mit Freiheit und dem Genuss derselben fällt daher schwer. Wenn man also davon ausgeht, dass das viel beschworene „Komasaufen" tatsächlich zunimmt und Ausdruck gesellschaftlicher Fehlentwicklungen ist, sollte man dann nicht zumindest darüber nachdenken, ob es nicht gerade die Verachtung von vermeintlich Suchtpotenzial entfaltenden Beschäftigungen und Genussmitteln ist, die Menschen daran hindert, einen sinn- und maßvollen Umgang mit ihnen zu erlernen?

In ähnlicher Weise könnte man auch die Ursachen anderer als gesellschaftsgefährdend eingestufter „Süchte" hinterfragen. Ist die immer wieder diskutierte „Sexualisierung der Öffentlichkeit" vielleicht eben gerade nicht Ausdruck eines allgemeinen wie abgrundtiefen Sittenverfalls, sondern vielmehr die Kehrseite eines in Fragen der Sexualität eigentlich sehr ängstlichen gesellschaftlichen Kodexes, der sich seinerseits wiederum in einer Zunahme von Verhaltensauffälligkeiten im sexuellen Bereich niederschlägt? Wie soll ein Mensch den bewussten Umgang mit „Teufelszeug" erlernen, wenn ihn das Experimentieren damit sogleich dem Vorwurf aussetzt, selbst „des Teufels" zu sein?

Nicht selten ist die Ausbildung von „Sexsucht" Ausdruck mangelnder Selbstliebe oder der daraus erwachsenen Unfähigkeit, Bindungen zu Nähe zu anderen Menschen zuzulassen. Und mit Sicherheit sind viele Menschen, die unter einer Essstörung leiden, im Laufe ihres Lebens mit einem Mangel an unbeschwerten Nahrungsaufnahmesituationen konfrontiert gewesen. Ich persönlich leide meines Erachtens unter keiner erheblichen Essstörung; ich weiß aber, dass meine Liebe zu Butter und mein erhebliches Unbehagen, wenn keine im Hause ist, sich darauf zurückführen lassen, dass es in meinem Elternhaus immer nur und ausschließlich Margarine gab und Butter nur dann gekauft wurde, wenn Oma zu Besuch kam (ein- bis zweimal pro Jahr, höchstens!). Bis heute ist Butterkonsum für mich ein Freiheitsfetisch: Und wenn ich mir sonst nichts leisten kann, zu Margarine werde ich niemals zurückkehren!

Die Übersteigerung des Genusses hat in vielen Fällen ihre Ursache in einem erlebten Mangel: etwa in dem, unbeschwertes Genießen nicht in einem wertfreien Freiraum erlernt zu haben, oder aber in dem Mangel des Genusses an und für sich. Wie viel die Möglichkeiten des Genusses mit dem Gefühl der eigenen Freiheit zu tun haben, zeigt sich auch an der hohen Emotionalität, die zutage tritt, wenn liebgewonnenen „schlechte" Genussangewohnheiten den Rang einer Unbotmäßigkeit oder gar einer Illegalität zugeschrieben bekommen. Während in vielen anderen Bereichen die Beschneidung von Freiheitsrechten häufig ohne große Gegenwehr geschieht, sind es gerade persönliche Gewohnheiten, deren Kriminalisierung Menschen auf die Barrikaden bringt.

Wogegen hier (zu Recht) rebelliert wird, ist die dieser moralischen Verurteilung zugrundeliegende Annahme, dass Menschen nicht in der Lage sind, ihr Leben frei und selbstbestimmt zu gestalten. Und in der Ablehnung dieser Annahme dürften sich sowohl Ausbruchs- als auch Rückzugsgenießer einig sein.

Geschichte(machen) ist menschlich

Geschichte ist ein niemals endender Dialog zwischen Gegenwart und Vergangenheit.
Edward Hallett CARR,
Historiker

Wenn heute über „Geschichte" gesprochen wird, so kreisen die Gedanken zumeist um einige wenige wichtige Daten, Epochen, Personen der Zeitgeschichte, um Kriege, Revolutionen und Reiche, die lange vergangen sind, aber dennoch für uns heute wichtig sein sollen. Jeder Mittelstufenschüler kann eine mehr oder minder große Zahl von „historisch wichtigen" Jahreszahlen nennen.

So auf Zahlen und Daten reduziert, ist Geschichte durchaus unerheblich. Sie wird erst dann wirklich interessant relevant für das eigene Leben, wenn man sie als Ausdruck konkreten menschlichen Denkens und Handelns in vergangenen Zeiten und konkreten Zusammenhängen begreift.

Doch genau das geschieht nur äußerst selten. Die Vergangenheit erscheint häufig als eine zusammenhanglose Folge von Ereignissen oder aber, was sogar noch die bessere von zwei schlechten Variante ist, als eine unveränderliche und unantastbare Autorität, von der wir „lernen" sollen, uns an bestimmten historischen Ereignissen demütig zu orientieren und andere als Mahnung zu begreifen. Gemeinhin soll Geschichte als Wegweiser dienen und Legitimität und Sicherheit verbreiten dafür, wie in Zukunft Dinge zu tun und zu lassen sind. Gleichwohl gibt es natürlich nicht „die Geschichte", es gibt Tausende: Die einen interessieren sich für die Kulturgeschichte Eu-

ropas oder Südamerikas, andere für die Geschichte der eigenen
Stadt oder Region, manche für die Geschichte von Befreiungsbewe-
gungen, wieder andere konzentrieren sich auf die Geschichte der
Wissenschaft oder der Religionen, noch andere auf die der Frauen
etc. Es gibt unzählige Möglichkeiten, sich mit bestimmten Aspekten
der Geschichte zu beschäftigen und daraus für sich selbst bestimmte Haltungen abzuleiten. Insofern kann Geschichte durchaus Relevanz für Menschen heute haben: Sie dient vielen als Quelle persönlicher Identität sowie orientierender Traditionen und Werte, sie ist
ein Wühltisch, in dem es für nahezu jeden etwas gibt.

Geschichte als Selbstblockade

Von dieser Art von Geschichte ist unsere Gesellschaft nahezu beses-
sen. Kaum eine gesellschaftliche Handlung oder individuelle Haltung
kommt heute ohne das selbstvergewissernde Herauskramen (oder
Konstruieren) historischer Bezugspunkte aus. Die Suche nach ab-
schreckenden historischen Beispielen für heutige Entscheidungen ist
ein nahezu selbstverständlicher Vorgang – ganz so, als sei es unvorstellbar, sich von der Vergangenheit zu lösen oder unbedacht und
unbelastet „Neuland" zu betreten. Tatsache ist, dass die Einschätzung sehr populär ist, dass Geschichte einem unabänderlichen Fluss
der Dinge gleicht, aus dem vorsätzlich auszubrechen nicht nur als
verrückt, sondern auch als völlig unrealistisch gilt. Das Einzige, was
möglich erscheint, ist, allzu große Katastrophen zu vermeiden.

   „Wir können ohnehin nichts wirklich Grundlegendes verändern",
lautet das Credo des aktuellen Zeitgeistes. Und in ähnlicher Weise
wird auch auf die Vergangenheit zurückgeblickt: Auch sie erscheint
als eine Abfolge von Ereignissen, an denen normale Menschen nicht
wirklich aktiv oder gar ausschlaggebend beteiligt waren. In der Art,
in der die Vergangenheit als dem Zugriff der Menschen entzogen erscheint, wird aber auch die Zukunft gesehen. Die Menschen kom-

men als Subjekte, die aktiv ihre Welt gestalten und dadurch „Zukunft machen" können, eigentlich nicht vor. Sie sind bestenfalls Objekte, die mit Veränderung umzugehen, schrittzuhalten haben. Schlimmstenfalls verstehen sie sich als Opfer von Veränderung. Vergangenheit, Gegenwart und Zukunft nehmen die Form von naturgegebenen und nicht-menschlichen Prozessen an.

Geschichte ohne Mensch – Mensch ohne Geschichte

Es ist eine paradoxe Situation: Einerseits ist heute Geschichte allgegenwärtig, andererseits leben wir in zutiefst anti-traditionellen Zeiten. Traditionelle Bezugspunkte wie die Religion, der Glaube an den vernunftbegabten Menschen oder der Glaube an die Nation haben heute weniger Bedeutung für die Menschen als jemals zuvor. Diejenigen, die heute aktiv und positiv Bezug auf Geschichte nehmen und bestimmte Traditionen hochhalten, bilden eine verschwindend kleine Minderheit.

Das bedeutet aber nicht, dass die Mehrheit in ihrer Ablehnung des Traditionellen eine klare, zukunftsorientierte und in diesem Sinne „moderne" Haltung einnimmt, die in die entgegengesetzte Richtung führt. Sie zuckt eher mit den Achseln, wenn man sie nach dem Weg fragt. Und ihr erscheint niemand unglaubwürdiger als derjenige, der glaubt, den Weg zu kennen, denn sie bezweifelt, dass Menschen überhaupt darüber entscheiden können, einen Weg zu wählen. Der Mensch als geschichtemachendes Subjekt hat ebenso ausgedient wie der alle Wege kennende und den richtigen Weg weisende Gott.

Es ist daher auch keineswegs überraschend, dass in der heutigen Betrachtung von Geschichte natürliche, biologische und sogar genetische Prozesse so stark betont werden: In einigen zeitgenössischen Schulen der Geschichtsbetrachtung wird diese Tendenz deutlich. Die Vertreter der sogenannten „Deep History" etwa argumentieren für eine Definition des Geschichtsbegriffs, die sich nicht mehr, im Gegensatz zur „Prähistorie", auf die Entwicklung der menschlichen Schrift bezieht, sondern die Entwicklung des genetisch und anatomisch modernen Menschen als Ausgangspunkt wählt. Bemerkenswert daran ist, dass der Geschichtsbegriff hier gänzlich losgelöst von einer durch menschliche Kultur gestalteten Vergangenheit gedacht wird und ausschlaggebend einzig die menschliche Anatomie ist.

Ein vielleicht noch eindrucksvolleres Beispiel ist das von Microsoft-Gründer Bill Gates und dem Historiker David Christian ins Leben gerufene „Big History Project": Dieses Projekt will nicht weniger als das globale Geschichtsverständnis revolutionieren und sich, ähnlich den „Tiefenhistorikern", aber noch viel konsequenter, nicht mehr auf den Zeitraum von maximal 5.000 v. Chr. bis heute konzentrieren. Vielmehr soll „Geschichte" künftig in kosmischer Dimension verstanden und in den Schulen gelehrt werden. Der abzudeckende Zeitraum beginnt demzufolge mit dem Urknall vor 13,8 Milliarden Jahren.

Mit dem Ziel, alles Wissen in einer „globalen", wenn nicht sogar „kosmischen Geschichte" zusammenzubringen, werden nahezu alle Naturwissensdisziplinen miteinander kombiniert: Physik, Chemie, Astronomie und Kosmologie, Geologie, Klimaforschung, evolutionäre Biologie und Archäologie werden zu den entscheidenden Bereichen, auf denen die „globale Geschichte" basieren soll. Man braucht nicht viel Fantasie, um sich vorzustellen, welchen Stellenwert der Mensch in dieser „Big History" einnimmt: Angesichts des Gesamtzeitraums von knapp 14 Milliarden Jahren ist die Präsenz des Homo Sapiens geradezu vernachlässigbar, gleiches gilt für seine Errungenschaften und seine Zivilisation.

Gewissermaßen die Verlängerung des „Big History"-Gedankens in die Zukunft stellt die US-amerikanische Dokufiktions-Serie „Zukunft ohne Menschen" („Life After People") dar. Sie lief zunächst 2009 auf dem History Channel und wird seitdem u.a. auf dem Nachrichtensender N24 regelmäßig wiederholt. In „Zukunft ohne Menschen" wird die künftige Entwicklung der Erde nach dem plötzlichen Verschwinden der Menschheit dargestellt und darüber spekuliert, wie lange Flora und Fauna brauchen würden, um sich zu erholen, wann menschliche Bauten zerfallen und was mit unseren technischen Hinterlassenschaften passieren würde. Ähnlich ist auch das Bestseller-Sachbuch „Die Welt ohne uns – Reise über eine unbevölkerte Erde" („The World Without Us") gestrickt, in dem Alan Weisman der Frage nachgeht, was auf der Erde passieren würde, wenn alle Menschen plötzlich verschwänden.

Um Missverständnissen entgegenzuwirken: Weder gegen schrille Zukunftsspekulationen, noch gegen die ernsthafte Erforschung des Kosmos, des Urknalls und der Entstehung von Galaxien, Sternen und Planeten ist etwas einzuwenden, im Gegenteil: Forschung dieser Art wird seit Ewigkeiten betrieben und hat nicht zuletzt unser Wissen über unseren Planeten und uns selbst erheblich entwickelt. Jedoch wurde diese Forschung bislang nicht als „Geschichte", sondern im Kanon der Forschungsbereiche als Astronomie, Naturkunde oder als naturhistorische Wissenschaft geführt. Im Gegensatz zur „Naturhistorie" galt „Geschichte" bislang eindeutig als die Erforschung der Entwicklung menschlicher Zivilisationen, sie war sozusagen bewusst und im positiven Sinne menschzentriert.

Dass Ansätze wie der des „Big History Projects" sich wachsender Beliebtheit auch unter Historikern erfreuen, lässt interessante Rückschlüsse auf die Art und Weise zu, mit der im zeitgenössischen Denken heute der Mensch wahrgenommen wird. Denn welche Schlussfolgerung soll man aus der „Big History" ziehen, wenn nicht die, dass die Menschheit und ihre Geschichte im Vergleich zur Naturhistorie letztlich völlig unbedeutend ist und sich für viel zu wichtig hält? „Deep History", „Big History" und in gewisser Weise auch die „Zukunft ohne Menschen" mögen radikale Beispiele für die Dehumanisierung historischen oder auch futuristischen Denkens sein. Die Vorstellung jedoch, dass Geschichte eine Abfolge von Prozessen ist, die von Menschen nicht bewusst gesteuert, geschweige denn positiv beeinflusst werden kann, ist heute allgegenwärtig.

Zeitreisen per Autopilot

Da Geschichte zudem hauptsächlich dazu genutzt wird, um sich seiner persönlichen historischen Wurzeln bewusst zu werden und um individuelle Identitäten zu schaffen, degradieren sich viele Menschen selbst zu „Kindern der Vergangenheit" und bewerten ihre Fähigkeit, die Zukunft völlig anders gestalten zu können, als extrem begrenzt. Sie verbarrikadieren sich hinter den Mauern der Vergangenheit, hinter anerzogenen Denk- und Verhaltensweisen, hinter alten kulturellen Identitäten, verlieren hierdurch aber das Gespür für Mögliches und Futuristisches und flüchten sich in die Rolle des ausführenden Organs, gewissermaßen des „Darstellers" von Geschichte, die nicht mehr Handlung, sondern Schicksal ist.

Einmal in dieser Rolle verfangen, verstärkt sich das Gefühl, dass Veränderungen in immer größerer Geschwindigkeit vonstattengehen und man kaum mehr schritthalten kann. Der vielfach vorherrschende Eindruck, alles verändere sich heute rasanter als jemals zuvor, ist zu einem großen Teil dem Gefühl geschuldet, nicht mehr die Zügel in der Hand zu halten, sondern an einem Halsband hinter den Ereignissen her gezogen zu werden, ohne zu wissen, wohin die Reise geht. Und in dieser Position ist man selbst bei niedrigen Geschwindigkeiten schnell überfordert.

Der empfundene Kontrollverlust und der in der Folge immer stärker werdende Eindruck der Überforderung hat Konsequenzen: Da es dem aktuellen Zeitgeist entspricht, die Welt aus der Position des passiven Beobachters von außen oder aber des haltlos Mitgerissenen wahrzunehmen, gibt man sich häufig mit oberflächlichen Außenansichten zufrieden. Das Bild der scheinbar vorbeirasenden Welt wird verschwommen, und man empfindet es als nahezu unmöglich (und letztlich auch als unerheblich), genauere Einblicke zu erlangen. Je verschwommener das Bild vom Hier und Jetzt, desto stärker wird die Tendenz, in der Vergangenheit Halt zu suchen, auch wenn es immer schwieriger wird, dort sinnstiftende Ankerpunkte zu finden.

Plötzlich, so scheint es, verlieren jahrzehntealte Traditionen, Wertvorstellungen und Sichtweisen an Bedeutung und werden förmlich vom Fortschritt hinweggefegt. In letzter Konsequenz verlieren die Menschen so nicht nur den Zugriff auf die Gegenwart, sondern auch auf Vergangenheit und Zukunft. Der Lauf der Welt wird zum bloßen „Schicksal", und man schaltet auf Autopilot.

Dies ist fatal und falsch zugleich, denn: Geschichte tut nichts. Sie diskutiert nicht, sie verändert die Welt nicht, sie führt nicht einmal Kriege, sie hat weder Plan noch Richtung, sie wiederholt sich nicht einmal, und sie hat vor allen Dingen keine Zukunft. Die einzigen, die etwas tun, sind die Menschen. Und dadurch, dass sie handeln, machen sie die bloße „Vergangenheit" zu „Geschichte". Verweigern sie sich dem gezielten Handeln, verschwimmen die Zeiten, und obwohl dies nicht selten als Beschleunigung empfunden wird, ist es eher ein Einfrieren oder Versteinern von Geschichte.

Der Ausbruch aus diesem gewissermaßen „zeitenlosen" Teufelskreis gelingt nicht dadurch, dass man mehr historisches Datenwissen anhäuft. Dies wäre eine leichte Übung, denn derlei Informationen sind allgegenwärtig und frei verfügbar. „Big History" und der damit verbundene Ansatz, die „menschliche Geschichte" als unerheblichen Tropfen im Ozean der „Naturhistorie" aufzulösen und diese im Zeitraffer und mit dem Fernrohr zu ergründen, belegt das eindrucksvoll. Das Sammeln von Wissen allein führt nicht dazu, die aktive Rolle des Menschen als Geschichte machendes Subjekt zu betonen.

Vergangenheit unterm Mikroskop

Aber auch die entgegengesetzte Entwicklung – der Versuch, Geschichte mit dem Mikroskop und rückwärts zu analysieren und sich in Details des individuellen Menschlichen zu verlieren – bringt keinen historischen Überblick: So wissen wir heute, nach Jahrzehnten von mikroskopierender Geschichtsforschung nicht nur, was Adolf Hitler wann genau getan hat. Wir erfahren in zahlreichen Geschichts-Dokus auch, welchen Frauentyp und welche Speisen er bevorzugte, dass er wohl an Morbus Parkinson litt und Zahnfleischprobleme hatte. Von der Frage einmal abgesehen, inwieweit derartige Informationen das Verstehen geschichtlicher Vorgänge erleichtern oder erschweren, reflektiert die Fokussierung auf Charaktereigenschaften von Personen der Zeitgeschichte eine weitere Fehlentwicklung in der modernen Lesart von Geschichte: die Überbetonung des Individuellen zulasten des Verständnisses gesellschaftlicher Zusammenhänge. Interessanterweise ist diese Konzentration auf den vermeintlich starken Einfluss individueller Persönlichkeiten (und deren Störungen) auf den Fortgang der Geschichte die Vorderseite genau der Münze, auf deren Kehrseite Geschichte als „Big History" dehumanisiert wird.

Einerseits Überbewertung des Persönlichen, andererseits Entwertung der menschlichen Rolle und Relevanz – innerhalb dieser von Extremen verzerrten Sicht auf die Geschichte einen eigenen Standpunkt im Hier und Jetzt zu finden, der dazu ermuntert, sich selbst als aktives Subjekt zu begreifen, ist extrem schwierig. Da „Geschichte" so betrachtet entweder den Naturgesetzen folgt oder auf die Folge individuellen und in der Regel monströsen Fehlverhaltens reduziert wird, ist es kein Wunder, dass schon der Anspruch, Einfluss auf die Geschichte nehmen zu wollen, für gefährlich und größenwahnsinnig gehalten wird.

Wie viel man über die Welt und die Geschichte weiß, ist zunächst einmal unerheblich dafür, welche Rolle man sich selbst in dieser Welt zuteilt und wie man sein eigenes Verhältnis zur Gesellschaft gestaltet. Viel entscheidender ist der Blickwinkel, aus dem man sich der Vergangenheit und der Gegenwart nähert: Sehen wir geschichtliche Ereignisse als zufällig, als schicksalhaft, oder verbindet sie eine Form von Kausalität? Sind wir Menschen in diesem Szenario Opfer oder Macher, sind wir Objekte oder Subjekte? Sind wir in der Lage und willens, Geschichte zu machen, unser Schicksal selbst zu bestimmen und unsere Zukunft aktiv und konstruktiv zu gestalten, oder sind wir nur vorübergehende Verklumpungen von Sternenstaub? Haben wir den Anspruch, (wieder) in den Sattel zu kommen, oder ist es unser Schicksal, als letztlich unerhebliche Spezies von der kosmischen Geschichte am Halsband herumgeführt zu werden?

Wenn sich Menschen stärker als Gestalter ihrer Welt begreifen, kann sich ihnen Geschichte als menschgemachte Geschichte mit offenem Ausgang erschließen, als eine aufeinanderfolgende – wenngleich keineswegs lineare und gradlinige oder gar vorher feststehende – Abfolge von auf die Zukunft gerichteten menschlichen Handlungen. Vulkanausbrüche oder Meteoriteneinschläge mögen die Gestalt unseres Planeten stärker beeinflusst haben, als es die Menschheit getan hat. Aber es sind eben nicht Vulkane und außerirdische Gesteinsbrocken, die „Geschichte" schreiben!

Geschichte macht nicht, sie wird gemacht!

Zivilisationen fußen auf unendlich vielen vergangenen Zukünften, Ideen und Anstrengungen, vergammelten Wahrheiten und Werkzeugen, untergegangenen Reichen und individuellen Schicksalen. Oft werden diese verächtlich als „Müllhaufen der Geschichte" bezeichnet. Dennoch liefern sie uns wichtige Einblicke in „unsere Geschichte", vorausgesetzt, wir sind willens, sie nicht einfach nur als rückwärtige Fortsetzung der Gegenwart zu betrachten. 1852 schrieb Karl Marx in „Der achtzehnte Brumaire des Louis Bonaparte" zur geschichtlichen Rolle des Menschen: „Die Menschen machen ihre eigene Geschichte, aber sie machen sie nicht aus freien Stücken unter selbstgewählten, sondern unter unmittelbar vorhandenen, gegebenen und überlieferten Umständen."

Wir sind also frei und gleichzeitig dazu verdammt, Geschichte zu machen, allerdings nicht im luftleeren Raum. Wir sitzen gewissermaßen auf vergangenen Zukünften, die unser Denken und Handeln in vielfältiger Weise beeinflussen. Das bedeutet aber nicht, dass wir ausführende Organe der Geschichte oder Darsteller sind, die einem Skript folgen. Wir mögen zwar Kinder der Vergangenheit sein, aber wir haben das intellektuelle und rebellische Potenzial, uns aus der Vergangenheit zu befreien.

Dadurch, dass wir die Ausdehnung der Geschichte in Gegenwart und Zukunft ablehnen, sie zeitlich zurechtstutzen und sie in ihrer jeweiligen Zeit bewerten, retten wir sie und machen sie zu „unserer" Geschichte. Dadurch können wir erkennen, dass sie uns nicht unsere Zukunft auferlegt, sondern uns lediglich den Boden bereitet, um das zu tun, was dereinst die Zukunft von unserer Gegenwart unterscheiden wird.

Von den süßen Kleinen und den bösen Großen

Der Mensch, der kein Kind sein durfte, wird ein schlechter Bürger sein.

Fjodor DOSTOJEWSKIJ,
Schriftsteller

Natürlich lieben wir Kinder, zumindest die meisten von uns die meisten von ihnen, zumindest generell, und zumindest die eigenen, meistens. Nicht nur, weil sie süß sind, sondern weil sie uns an uns selbst erinnern und Gefühle hervorrufen, die uns selbst jünger machen. Schließlich waren wir selbst einmal welche, auch wenn das manch einer über weite Strecken seines Lebens erfolgreich verdrängt. Manchmal sorgen Kinder aber auch dafür, dass wir uns älter fühlen, zuweilen auch älter, als wir sind.

Aus Erwachsenensicht werden Kinder bisweilen als mehr oder weniger liebenswerte Störfaktoren wahrgenommen, die daran erinnern, dass das Leben eben nicht nur aus Zahlen und Logik, aus Anforderungen anderer und aus Verpflichtungen besteht. Kindheit erscheint dann aus Erwachsenensicht als die Zeit, in der das Leben noch schön und unbeschwert war: Es wird an Peter Pan gedacht, an die Idyllen von Bullerbü und Lönneberga oder an die Welt von Momo. Überall dort treten Erwachsene, wenn überhaupt, entweder als fantasielose Spaßbremsen, als lächerliche Tölpel oder als gefühl- und charakterlose Bösewichte in Erscheinung.

Gleichzeitig werden Kinder aber auch als Sinnstifter für das eigene Leben eingespannt – nicht nur auf persönlicher, auch auf gesellschaftlicher Ebene. „Mein Kind soll es später einmal besser haben als ich" ist ein Lebensmotto, das in der Vergangenheit vermutlich ganze Generationen ohne zu zögern unterschrieben hätten. Auf die Gesellschaft übertragen ist dieser Wahlspruch ein traditioneller Aufruf zu gemeinsamen Anstrengungen für den Fortschritt, für den Aufbruch in eine bessere Welt.

Es ist interessant zu beobachten, dass diese Hoffnung zwar immer noch so geäußert wird, sie aber inhaltlich durch eine andere, weitaus weniger ambitionierte Vision ersetzt wird. Denn verstärkt wird davon ausgegangen, dass die Welt, in der unsere Kindeskinder leben werden, wohl eine schwierigere, keinesfalls aber eine bessere sein werde. Populäre Forderungen nach Mäßigung in gesellschaftlicher und persönlicher Art fußen auf der Mahnung, wir hätten schließlich „den Planeten nur von unseren Kindern geborgt".

Dies ist weit mehr als nur eine neue Rhetorik; was hier zu beobachten ist, ist eine Umkehr der Vorzeichen: Einem Kind, dem es künftig besser gehen sollte als uns, wünschte man Räume und Möglichkeiten, die vergangenen Generationen verschlossen blieben. Das heutige oder künftige Kind hingegen, von dem wir den Planeten nur geborgt haben sollen, wird in den Rang des eigentlichen entscheidungsbefugten Besitzers der Welt erhoben. Gleichzeitig wird dem Wunsch Ausdruck verliehen, dass diese Welt, nachdem „wir" sie ihm zurückgegeben haben, eher der vor unserer Zeit ähneln möge, bevor „wir" unserem Drang nach immer mehr Neuem und nach immer mehr Möglichkeiten nachgaben und sie so an den Rand der Vernichtung führten.

Bei allem Missmut ob der heutigen wie auch der künftigen Welt: Das Recht auf Kindheit, auf Wildheit, auf Streiche und auf sinnlosen Spaß an der Freude würde sicherlich jeder Erwachsene grundsätzlich als etwas eminent Wichtiges erachten. Alle wollen Kindern eine erfüllte Kindheit ermöglichen; viele aus der Motivation heraus, dass dies die einzige Lebenszeit sei, die Raum für Erfüllung biete. In der Zeit, die danach kommt, so die weit verbreitete Vorstellung, scheint die Sonne nie mehr so hell und ist der Himmel nie mehr so blau.

Fleischgewordene Erwachsenenängste

Die Furcht, dass die eigenen Kinder zu früh ihrer Unbekümmertheit und Freiheit verlustig gehen, prägt das Denken nicht weniger Eltern. Sie setzen viel daran, das Erwachsenwerden ihrer Kinder, sprich, deren Auseinandersetzung mit der „Welt da draußen", soweit es eben geht hinauszuzögern oder gar gänzlich ausfallen zu lassen. Damit sind nicht nur Eltern gemeint, die ihre Kinder aus religiösen Gründen von der aus ihrer Sicht verkommenen Welt abschotten. Die Tendenz zur Überbehütung von Kindern geht weit über diese sehr kleinen gesellschaftlichen Gruppen hinaus – und sie ist weiter steigend. Sie offenbart, dass die Unsicherheit, wie Kinder am besten in der Welt aufwachsen sollen, um sich greift. Dies ist jedoch weniger der Tatsache geschuldet, dass unsere Gesellschaft auf Kinder weniger Rücksicht nimmt als früher, sondern spiegelt eher das elterliche Unbehagen mit dem modernen Erwachsenenleben wider.

Ein konkretes Beispiel: Immer mehr Eltern bringen tagtäglich ihre Kinder zur Schule und holen sie wieder ab, sie überwachen sie in der Öffentlichkeit und vermeiden jeden Verlust des Sichtkontakts. Diese sogenannten „Helikopter-Eltern" tun dies nicht, weil sie mehrheitlich den eigenen Nachwuchs für orientierungslos halten, sondern weil sie ihn von potenziell feindlichen und gefährlichen Einflüssen der Erwachsenenwelt bzw. von anderen, durch misstrauenswürdige Erwachsene verzogene Kinder und schwierigen Jugendlichen fernhalten wollen. Die sich verstärkenden Erwachsenen-Ängste vor der Gegenwart – und erst recht vor der Zukunft – werden auf Kinder projiziert. Eltern trainieren so jungen Menschen nicht nur die Fähigkeit ab sich durchzusetzen, sondern auch die, unvoreingenommen und vorurteilsfrei auf andere Menschen und die Welt zuzugehen. In gewisser Hinsicht wird also gerade das verhindert, was eigentlich mit dem Erwachsenwerden verbunden werden sollte.

Aber es gibt natürlich auch die entgegengesetzten elterlichen Reaktionen auf das „drohende" Erwachsenwerden ihrer Kinder:

Manche Eltern empfinden das eigene Erwachsenenleben als so schwierig und kompliziert, dass sie, weil sie für ihre Kinder das Beste wollen, diese so intensiv darauf vorbereiten, dass sie ihnen ihre Kindheit abspenstig machen. Nicht selten reproduzieren Eltern so ungewollt ihr eigenes Schicksal.

So ist in vielen Städten, in denen die Anzahl der als erstklassig geltenden Kindergärten trotz Geburtenrückgang der Kinderzahl nicht entspricht, ein brutaler Wettstreit um die wenigen Kindergartenplätze entbrannt. Im New Yorker Stadtteil Manhattan werden Kinder mittlerweile durch Tests geschleust und müssen sich für die wenigen freien Plätze qualifizieren. Dreijährige werden von ihren Eltern „trainiert", um es gut zu haben – später einmal.

Und warum das Ganze? Weil die Zeit der frühen Kindheit als diejenige gilt, in der die Grundsteine für ein späteres, erfolgreiches Leben gelegt werden. Das mag bis zu einem bestimmten Punkt auch richtig sein, nur das Problem ist: Wenn Kindheit als Zeit des straff organisierten und mit allem Nachdruck betriebenen Grundsteinlegens interpretiert wird, hört sie auf, Kindheit zu sein. Dem Satz „Was Hänschen nicht lernt, lernt Hans nimmermehr" sollte neben der Betonung frühkindlicher Erziehung noch die folgende zusätzliche Bedeutung beigemessen werden: „Wer nicht Hänschen sein darf, wird niemals ein Hans." Will sagen: Erwachsenwerden braucht Kindsein.

Viele Eltern glauben, ihre Kinder möglichst früh auf den beruflichen Überlebenskampf in der Erwachsenenwelt vorbereiten zu müssen, in der sie selbst nur schwer zurechtkommen. Sie impfen ihnen früh Werte ein und wollen, dass sie von klein auf lernen, verantwortungsvoll zu handeln. Gleichzeitig wollen sie sie aber vor allen möglichen unschönen Erfahrungen bewahren, die sie als Überforderungen ansehen. Dass angesichts des so erlernten Blicks auf das eigene, spätere Leben der Drang junger Menschen, Neues auszuprobieren, zu experimentieren oder gar das Leben in die eigenen Hände zu nehmen und etwas zu riskieren, nicht unbedingt wächst, sollte nicht überraschen.

Seit ein paar Jahren werden an deutschen Universitäten „Eltern-
abende" und sogar „Elternsprechtage" veranstaltet, in denen die Ei-
gentlich-Nicht-Mehr-Erziehungsberechtigten darüber informiert werden, wie sie ihrem scheinbar überforderten Nachwuchs den Weg in
die Selbständigkeit erleichtern sollen – eine noch vor wenigen Jahren geradezu unvorstellbare Entwicklung! Und sie hängt nicht nur
damit zusammen, dass in Deutschland aufgrund von Schulzeitverkürzung und Wegfall der Wehrpflicht Studienanfänger immer jünger
werden. Eher scheint es sowohl für Eltern wie auch für ihre Kinder
nahezu selbstverständlich zu sein, dass Eltern Anteil nehmen an der
universitären Entwicklung ihrer Kinder und ihre „Hilfe" einbringen,
während die Sprösslinge überfordert und desorientiert nur zu gerne
diese Hilfe annehmen und sich an die Hand nehmen lassen.

Kindheit abschaffen: den Kindern zuliebe

Wir haben es also gewissermaßen mit einer „verwässerten Ausdehnung" von Kindheit zu tun: verwässert, weil Kinder immer früher in
das Denken von Erwachsenen gepresst werden und insofern kindliche Entwicklungsfreiheit verloren geht, und Ausdehnung, weil der
Zeitpunkt, an dem junge Menschen aus der elterlichen Fürsorge
entlassen werden und auf eigenen Beinen zu stehen und frei zu sein
haben, immer weiter verschoben wird. Betrachtet man zudem, wie
wenig Freiheiten und Selbstbestimmungsrechte Erwachsene heute
haben und für sich reklamieren, könnte man fast sagen: Die tatsächliche Mündigwerdung wird auf den Sankt-Nimmerleinstag vertagt.
　　Dabei ist die Vorstellung, dass es überhaupt so etwas wie eine
„Kindheit" gibt, für die andere Regeln gelten soll als für das Erwachsenenleben, eine relativ neue und moderne. Vor der Neuzeit exis-
tierte sie so nicht. Kinder galten gemeinhin als Altersversorgung und
als billige Arbeitskräfte. Menschen im Kindesalter wurden kaum anders behandelt und betrachtet als Erwachsene, was sowohl etwas

über die Geringschätzung von Kindern als auch von Erwachsenen aussagt. Erst mit steigendem gesellschaftlichem Wohlstand und auch mit steigenden Ansprüchen an das Erwachsenenleben wurde „Kindheit" zu einer relevanten Kategorie: Junge Menschen sollten und mussten die Gelegenheit bekommen, sich zu reifen, entscheidungsfähigen und eigenständig lebenden Erwachsenen zu entwickeln. Die Aufwertung und Differenzierung von Kindheit ging einher mit der Aufwertung des Erwachsenseins. Und um diese Entwicklung zu gewährleisten, sollten Kinder zunächst bewusst aus den die Welt der Erwachsenen prägenden Produktionsabläufen und Systemen herausgehalten und dann behutsam, aber bestimmt an diese herangeführt werden.

Dies gilt in unserer modernen Vorstellung auch heute noch. Und dennoch erfährt Kindheit heute einen enormen Bedeutungsverlust: Wir tun zwar weiterhin viel dafür, dass unsere Gesellschaft als „kinderfreundlich" gilt und meinen damit zumeist Kita-Plätze, Spiel- und Bolzplätze sowie verkehrsberuhigte Straßen. Was aber verloren zu gehen droht, ist der positive Ausblick auf ein erfülltes Leben als befreite und eigenständige Erwachsene. Unsere Gesellschaft meint zwar, Kinder zu lieben, aber den Erwachsenen, zu denen sie heranwachsen sollen, traut sie nicht über den Weg – und vielleicht konzentriert sie sich gerade deshalb so angsterfüllt auf Kinder.

Dieses Misstrauen gegenüber Erwachsenen zerstört jedoch die Kindheit, denn die Versuche, vertrauenswürdigere, kompatiblere und erfolgreichere Erwachsene zu „produzieren", beschneiden kindliche Freiräume und Möglichkeiten, sich zu entfalten, kaum weniger als die Versuche, Kinder aus religiösen Gründen beinahe gänzlich von der Welt fernzuhalten.

Die an sich selbst (ver-)zweifelnde Erwachsenengesellschaft läuft Gefahr, Kinder zu Greisen im Geiste heranzuziehen. Dies nicht, weil Erwachsene Kinder nicht lieben, sondern weil sie ihre Welt verabscheuen und für unverbesserlich halten. Und weil sie dies tun, verschwimmen auch langsam die Unterschiede zwischen Kindheit und Erwachsensein. Da man seinen Mitmenschen nicht viel zutraut, schon gar nicht den Umgang mit Freiheiten, werden Kinder dazu erzogen, sich frühzeitig mit engen Grenzen und niedrigen Erwartungen an das spätere Leben anzufreunden. Weil in der weit verbreiteten Vorstellung Erwachsene nicht wirklich vertrauenswürdiger und verlässlicher sind als Kinder, behandelt man junge Menschen einerseits wie rohe Eier, aber andererseits gleichzeitig viel früher als „gleichberechtigt" und bietet ihnen früher Zugänge zur Erwachsenenwelt.

Infantilisierung der Gesellschaft

„Kinder an die Macht", sang dereinst Herbert Grönemeyer. Die in diesem Lied zum Ausdruck kommende Hoffnung, Kriege würden von Kindern „einfach aufgegessen" und es gäbe „kein Schwarz und kein Weiß", wenn man ihn nur das Kommando überließe, stützt sich weniger auf eine realistische Einschätzung der Fähigkeiten von Heranwachsenden als vielmehr auf die tiefe Desillusionierung mit der Welt der Erwachsenen.

Ganz ähnlich sind auch die Antriebskräfte vieler Initiatoren der sogenannten „Kinderparlamente", die seit ein paar Jahren wie Pilze aus dem Boden sprießen, zu werten: Auf den ersten Blick erscheinen diese Veranstaltungen wie spielerische Vorbereitungen auf das Erwachsenenleben, in dem Verantwortung übernommen werden muss. Zugleich wird hier aber deutlich, wie wenig die Zielsetzung, wirklich Verantwortung zu übernehmen, heute noch ernstgenommen wird. Die Fähigkeit hierzu kann von Kindern nur im konkreten Kinderleben erlernt werden, nicht aber vor Erwachsenenkulissen.

Was als Aufwertung der Belange und der Potenziale junger Menschen erscheint, ist tatsächlich eine Entwertung des erwachsenen „mündigen" Menschen. Denn diese Aufwertung von Kindern und Jugendlichen geht einher mit einer gleichzeitigen Geringschätzung: Warum sonst diskutiert man einerseits darüber, ob 16jährige künftig das Wahlrecht erhalten sollen (und ihnen damit eine Aufgabe aufbürden sollte, deren sinnvolle Bewältigung selbst Erwachsenen immer schwerer fällt), wenn man ihnen aber andererseits den bewussten Umgang mit Tabakwaren erst ab 18 zutraut, wenn überhaupt? Warum sonst beklagen sich viele über die orientierungs- und benimmlose Jugend, sprechen aber gleichzeitig Erwachsenen immer stärker die Kompetenz und auch das Recht ab, in Erziehungsfragen eigenständig, entschlossen und orientiert entscheiden zu können? Warum sonst geht man davon aus, dass man Kinder bereits im Kindergarten „fit" für die Informationsgesellschaft machen müsse (oder geht den entgegengesetzten Weg und versucht, sie so lange wie möglich vor jeder Art Leistungsdruck zu bewahren), impft aber gleichzeitig Erwachsenen die Notwendigkeit des „lebenslangen Lernens" und somit die Ansicht ein, dass sie diese Fitness nie wirklich erreichen können? Warum sonst erwartet man von Kindern immer früher, sich verantwortungsvoll zu verhalten, entzieht gleichzeitig aber Erwachsenen zunehmend die Verantwortung für ihre eigene Lebensführung?

In diesem Szenario wird die Unterscheidung zwischen Erwachsenen und Kindern tatsächlich immer schwieriger. Aber noch schlimmer ist: Sie wird auch immer nebensächlicher, denn Mündigkeit erscheint als ein Zustand, den man ohnehin nicht wirklich erreichen kann – ganz egal, wie alt man ist. Damit Kinder die Möglichkeit haben, Kinder zu sein, müssen Erwachsene wie Erwachsene leben. Eine kinderfreundliche Gesellschaft ist das Gegenteil einer infantilisierten Gesellschaft. Sie braucht daher vor allem eines: eine positive Einstellung zu dem, was es heißt, erwachsen, selbstbewusst und mündig zu sein – damit sich sowohl Kindheit als auch Erwachsenwerden wieder lohnen!

Warum Komplexität Freiheiten schafft

It all seems so stupid; it makes me want to give up. But why should I give up when all seems so stupid?

Martin GORE, Musiker

War das Leben früher angenehmer, als es noch nicht so vielfältig war? Waren wir freier, als es nur zwei Fernsehprogramme gab und nicht 200? Macht uns Wahlfreiheit glücklicher oder nervt sie uns nicht eher angesichts der unzähligen Möglichkeiten? Sind einfach gestrickte Personen freier, weil sich ihnen viele Möglichkeiten gar nicht erschließen? Welchen Effekt hätte es, wenn unser Lebenspartner tatsächlich „weniger komplex" wäre? Und wenn Komplexität unsere Entscheidungsfreiheit einschränkt, bedeutet das, dass wir freier werden, wenn Komplexität reduziert wird?

Sie werden erahnen, dass die Antworten auf solche Fragen in der Regel sehr komplex ausfallen. Ich will versuchen, mich nicht an diese Regel zu halten, versprechen kann ich es indes nicht. Denn eigentlich sollte man froh sein, dass vieles in unserer Welt so komplex ist. Natürlich wäre es manchmal netter, wenn es mehr einfache und schnelle Lösungen gäbe und man nur mit dem Finger schnippen müsste, um sie herzuhexen. Aber wenn wir ehrlich sind, dann müssen wir uns eingestehen, dass wir häufig dann auf Komplexitätsreduktion erpicht sind, wenn wir ungeduldig, mit unseren Kräften oder Nerven am Ende oder es einfach gerade leid sind, uns wirklich mit etwas auseinanderzusetzen. Wir sind dann nicht auf Komplexi-

118

tät gepolt, sondern auf Bequemlichkeit, was aber mehr mit uns selbst als mit der Komplexität zu tun hat. In vielen Bereichen ist Einfachheit eine großartige Errungenschaft, denn sie ermöglicht es uns ja, uns anderen, komplexeren Dingen zuzuwenden. Aber dass es für vielschichtige Probleme einfache Lösungen zumeist nicht gibt, hat durchaus auch einige Vorteile. Da der heutige Zeitgeist permanent auf der Komplexität der Welt und des Lebens herumhackt, allseits der Vereinfachung und Entschleunigung das Wort redet wird und einfache, klare Antworten für komplexe Fragestellungen einfordert, wird es Zeit, eine Lanze für die Komplexität zu brechen.

Mein erster Einwand richtet sich gegen die so gut wie nie hinterfragte Überzeugung, nach der heute angeblich alles immer komplizierter wird. Ist das wirklich so? Was genau wird denn komplexer? War das Leben früher, als die Menschen beinahe täglich um ihr Überleben bangen mussten und schon ein vereiterter Zahn oder ein gebrochener Knöchel das Ende bedeuten konnte, tatsächlich weniger schwierig? Waren die Zeiten, in denen sich die Menschheit die Ereignisse in ihrer Umwelt zum größten Teil nicht erklären geschweige denn beeinflussen konnten, einfacher als diejenigen, in denen hochentwickelte Wissenschaften uns mit immer neuem Wissen über alle möglichen Zusammenhänge versorgen? Ist ein Leben, in dem von uns erwartet wird, vieles zu wissen und zu verstehen und wir das auch tun, schwieriger als ein Leben, in dem man aus Unwissenheit auf die Güte des Herrn bauen musste, damit dieser einem nicht die Pest an den Hals wünscht?

Die Welt im Ganzen betrachtet ist sicherlich komplexer geworden sein – muss sie ja auch, schließlich leben mehr Menschen auf ihr als je zuvor, und deren Handeln hat Einfluss auf die Entwicklung der Welt, die dadurch natürlich noch viel mehr Einflussfaktoren unterworfen ist. Ich frage mich nur, ob, wenn Menschen wie Du und ich heute sagen, es sei alles so viel komplexer geworden, wirklich der globale Komplexitätszuwachs gemeint ist. Ich bezweifle das, denn eigentlich sind unsere Leben nicht so viel komplexer geworden. Gut, wir müssen uns damit abfinden, dass wir Ersatzteile für

Plattenspieler nur noch auf dem Flohmarkt bekommen und nicht wissen, was wir mit unseren alten Videokassetten machen sollen, dass wir keine Ahnung haben, wie wir Kindern in Zukunft das einstmals innige Verhältnis zwischen Musikkassette und Bleistift erklären sollen und dass wir zu allem Überfluss auch noch unsere Smartphones monatlich updaten müssen, um auch weiterhin mit ihnen so anachronistische Handlungen durchführen zu können wie etwa: Telefonieren. Doch dies hat eigentlich weniger mit einer Zunahme von Komplexität zu tun als vielmehr damit, dass in manchen Bereichen an der Oberfläche viele kleine Veränderungen geschehen, aber man nicht immer so recht versteht, warum es sie gibt, für was sie da, woher sie kamen und warum sie plötzlich so unverzichtbar sind.

Aber unterhalb dieser sich schnell wandelnden „Benutzeroberfläche", also in den tragenden Strukturen unserer Welt, finden Updates, Systemwechsel und unbemerkte Austausche bei Defekten weitaus seltener statt. Der Eindruck, die Komplexität nehme generell zu, hat sicherlich viel damit zu tun, dass es bisweilen schwerfällt, Veränderungen und ihre Zielsetzungen einzuschätzen sowie den eigenen Anteil daran und die Vorteile, die sie wem auch immer bringen sollen. Vielleicht ist es auch das Nebeneinander von schnellen Veränderungen und „Hypes" an der Oberfläche bei gleichzeitiger Unbeweglichkeit, was die darunterliegenden Strukturen und Denkprozesse angeht, das es schwierig macht zu erkennen, was tatsächlich einschneidende Veränderungen sind und was nicht.

Die Antwort auf die Frage, ob unsere Welt tatsächlich so extrem viel komplexer geworden ist oder nicht, wie es den Anschein hat, ist also, um im Bilde zu bleiben, vielleicht ein wenig zu komplex, als dass sie einfach so als Grundrhythmus für das weitverbreitete Klagelied zu nutzen wäre. Legte wenn man die Welt unter einen Komplexitätsmesser, würde sich sicherlich herausstellen, dass sie komplexer geworden ist. Dennoch habe ich den Eindruck, dass die meisten Menschen nicht auf dieser globalen Ebene diskutieren, sondern eher ihr persönliches Empfinden in Worte fassen.

Der wahrgenommene Zuwachs an Komplexität und der tatsächliche Zuwachs haben keineswegs zwingend etwas miteinander zu tun, und sie bedingen einander auch nicht unbedingt. Es gibt viele Wahrnehmungen sozialer Phänomene, die mit der Wirklichkeit so gut wie nichts zu tun haben. Die gerade in nahezu ausländerfreien Regionen immer wieder anzutreffende Ausländerfeindlichkeit ist nur eines von vielen, die Annahme, das Wetter spiele insbesondere in den letzten Jahren verrückt, während dies zuvor fast nie der Fall gewesen sei, ist ein weiteres, und von der „felsenfest" gefühlten Tatsache, dass früher ohnehin alles übersichtlicher und einfacher war, einmal ganz zu schweigen. Es erscheint durchaus plausibel, wenn es sich mit der gefühlten Komplexität ähnlich verhielte. Nun aber zu den angekündigten Vorteilen der Komplexität.

Komplexität bewirkt Stabilität

Kartenhäuser sind alles andere als komplex, ihr Aufbau ist überaus simpel. Gemessen an ihrer Einfachheit sind sie zwar äußerst stabil, aber dennoch gibt es gute Gründe, warum wir beim Hausbau komplexere Konstruktionen bevorzugen. Intelligente, komplexere Systeme sind stabiler, belastbarer und widerstandsfähiger, und es bedarf größerer Anstrengungen, um sie komplett außer Kraft zu setzen. In der Regel müssen mehrere Faktoren in einer ganz bestimmten Kombination zusammentreffen, um ein komplexes System zum Einsturz zu bringen. Das gilt für Gebäude genauso wie für Staaten, es gilt aber auch für Ökosysteme.

Stabilität heißt nicht, dass komplexe Systeme nicht veränderlich sind. Im Gegenteil: Sie sind in der Regel äußerst flexibel, was die Anpassung an neue Bedingungen anbelangt, und sie sind in der Lage, wenn einmal aus dem Gleichgewicht gebracht, sich wieder zu stabilisieren. Die erdbebensichere Bauweise moderner Gebäude in

Tokio kombiniert extreme Stabilität mit hoher Flexibilität – der menschlichen Fähigkeit, komplexe Strukturen zu schaffen, sei Dank! Die Stabilität komplexer Systeme kann Menschen gelegentlich den letzten Nerv rauben und sie entmutigen. Denn natürlich erfreuen sich auch komplexe Systeme, die den einen oder anderen nicht erfreuen, hoher Stabilität. Dies erklärt den Hang von Menschen mit Systemveränderungsabsichten, Dinge und Zusammenhänge in ihrer Darstellung zu vereinfachen und somit einer größeren Instabilität das Wort zu reden, als vielleicht angebracht wäre. In der Regel führen aber selbst die abenteuerlichsten Vereinfachungen alleine nicht zu einer erhöhten Systemanfälligkeit. Das Erschaffen komplexer Systeme erfordert, wie auch ihr gezieltes Verändern oder Überwinden, den Willen und die Fähigkeit, Komplexität zu erkennen, zu erfassen und zu durchdringen.

Komplexität hilft gegen Kurzschlusshandlungen

Da intelligente, lernende und komplexe Systeme in der Regel recht widerstandsfähig sind, haben wir einigen Anlass, davon auszugehen, dass ihr Zusammenbruch nicht unmittelbar bevorsteht und auch nicht leicht zu bewerkstelligen sein wird. Dieses Wissen schützt vor Überreaktionen – sowohl vor überzogenen Hoffnungen (und daraus resultierenden Enttäuschungen) als auch vor Panik. Beide Spielarten der Überreaktion beziehen ihre Popularität aus der postulierten Einfachheit, Unmittelbarkeit und Direktheit der Zusammenhänge.

Die öffentlichen Debatten unserer Zeit liefern jede Menge Beispiele für den Zusammenhang von Einfachheit und Emotionalität. Erinnern Sie sich beispielsweise noch an die aufgeregten Debatten über den Einfluss des Jahrtausendwechsels auf unsere computergestützte Welt? Je weniger Ahnung ein Warner von der überaus komplexen Materie und ihrer Verknüpfung mit der realen Welt hatte, desto schriller fielen seine Warnungen aus. Oder nehmen Sie die

zahlreichen Diskussionen wie etwa die über den unmittelbar bevor-
stehenden Zusammenbruch von politischen, ökonomischen oder
gesellschaftlichen Systemen, der dann doch fast immer ausbleibt.
Menschgemachte Systeme sind fehlerhaft, gleichzeitig aber potenziell auch enorm lernfähig, was ihnen zusätzliche Stabilität verleiht.

Auch bei natürlichen Systemen unterschätzen wir häufig die inhä-
rente Flexibilität und Anpassungsfähigkeit, was nicht selten zu kras-
sen Fehlschlüssen führt. Oberflächlich betrachtet zerstört ein Waldbrand das Ökosystem „Wald". Bei genauerer wissenschaftlicher Betrachtung stellt sich jedoch heraus, dass es Varianten und Bereiche
des Ökosystems Wald gibt, die das gelegentliche Abbrennen der
Bäume als einen der vielen natürlichen Zustände in ihre eigene Sys-
tematik integriert haben und prima damit weiterleben können; es
gibt sogar Baumarten, die Feuer zum Arterhalt benötigen.

Wenn man das Ereignis noch eine Ebene abstrakter betrachtet,
so stellt man fest, dass ein Waldbrand nicht die Zerstörung der Natur zur Folge hat, sondern lediglich einen anderen Naturzustand
herstellt. Selbst ein umgekippter Tümpel ist kein unnatürlicher Ort.
Der Anstieg der CO_2-Konzentration in der Atmosphäre bewirkt auch
nicht die Zerstörung des Klimas, sondern er verändert es lediglich.
Eine solche Veränderung ist nicht gefährlich für „das Klima" oder
„die Natur", sondern einzig und allein für wenig komplexes Denken,
das gerne dazu tendiert, Unveränderlichkeit als einziges und zugleich höchstes Ziel zu erträumen. Zum Glück ist der Mensch aber zu
komplexerem Denken in der Lage, nicht umsonst hat er sich an nahezu jede Klimazone und an jede Klimaveränderung auf unserem
Planeten erfolgreich angepasst.

Komplexität fordert unser Denken

Wäre die Welt so einfach, wie es sich manche erträumen, sie würden grässlich enttäuscht, denn sie hielten sie dann für alles Mögli-

che, nur nicht für „einfach". Erst durch die Auseinandersetzung mit Komplexität entwickelt sich unser Denken so, dass wir mit ihr besser umgehen können. In dieser Hinsicht untrainiertes Denken scheitert an Banalität, und nicht an Kompliziertheit.

Die häufig nachvollziehbare Forderung nach Komplexitätsreduktion ist nichts weiter als der Wunsch, mit der tatsächlich existierenden und notwendigen Komplexität von Dingen selbst möglichst wenig zu tun zu haben und „andere" das machen zu lassen. Das ist in sehr vielen Lebensbereichen nicht nur verständlich, sondern auch sinnvoll: Es muss sich nicht jeder mit allen Komplexitäten herumschlagen. Allerdings hat die Menschheit die Arbeitsteilung nicht entwickelt, um das auf jedes Individuum entfallende Quantum an zu bewältigender Komplexität zu reduzieren, sondern um im Gegenteil die Gesamtmenge an menschlich erfassbarer und handhabbarer Komplexität zu vergrößern.

Das Ziel der Arbeitsteilung ist es nicht, dass jeder einfach „weniger" zu tun und zu denken hat, sondern, dass jeder sich intensiver mit bestimmten Bereichen des Lebens und der Welt auseinandersetzen, also tiefer in die tatsächliche Komplexität der Dinge eintauchen kann, um sowohl sich selbst als auch die Gesellschaft stärker davon profitieren zu lassen. Wenn wir uns also eine höhere Nutzerfreundlichkeit von technischen Geräten wünschen, fordern wir letztlich, dass sich die Forscher und Entwickler auf diesem Gebiet gefällst ins Zeug legen und dessen Komplexität so weit aufdröseln, dass unser Wunsch in Erfüllung geht und wir unsere Zeit für etwas anderes verwenden können. Anders formuliert: Wer ernsthaft fordert, wir alle mögen doch bitte unsere Faszination für Komplexität ein wenig zurückschrauben, hat kein einfacheres Leben zu erwarten.

Die permanente Auseinandersetzung mit Komplexität fordert uns und unser Denken ständig aufs Neue heraus. Gleichzeitig ist der Wunsch, Dingen auf den Grund zu gehen und sie in ihrer Gesamtheit zu erfassen, ein Alleinstellungsmerkmal des Menschen und ursächlich dafür, dass sich unser Denken und Leben überhaupt so weit entwickelt hat. Ohne dieses Streben, sich der Komplexität von Zusammenhängen zu stellen und sich nicht von ihrer oberflächlichen Verworrenheit und Zusammenhanglosigkeit abschrecken zu lassen, erschien uns unsere Welt als viel komplexer und unverständlicher und unser Leben als ungleich schwieriger und unfreier.

Komplexität ist intensiv

Der Wunsch nach weniger Komplexität bezieht sich nicht nur auf größere Zusammenhänge, sondern wird gerade auch in kleinen, privaten und emotionalen Kontexten geäußert. „Sei doch nicht so schwierig!" ist ein nicht eben selten ausgesprochener Vorwurf innerhalb menschlicher Beziehungsgeflechte. Und in kaum einen Bereich ist der Begriff der Komplexität so negativ behaftet wie hier. Was durch solche Aussagen zumeist transportiert wird, ist der Eindruck, dass eine Beziehung oder ein Mensch als anstrengend, manchmal auch als zu anstrengend empfunden wird.

Ich weiß nicht, wie es Ihnen geht, aber ich umgebe mich gerne mit vielschichtigen Menschen, lerne gerne immer wieder neue Facetten von ihnen kennen und lasse mich sehr gerne von ihnen irritieren und auch inspirieren. Ja, das ist zuweilen auch fordernd und anstrengend! Menschen sind komplexe Wesen im Denken und im Fühlen – ich kenne jedenfalls keinen, der es nicht ist –, und ich persönlich bevorzuge solche, die gar nicht erst versuchen, einfach gestrickt zu erscheinen, sondern Komplexität zulassen und auch aushalten.

„Einfach sein" mag manchmal ein erstrebenswerter Anspruch sein, aber als einen allgemeingültigen und guten Rat im Sinne einer erfüllten Lebensgestaltung halte ich ihn für eher ungeeignet. Wie in anderen Zusammenhängen ist es wohl auch hier entscheidend, was für ein Verhältnis man selbst zu Komplexität entwickelt, auch zur eigenen. Wer vielseitige, intensive, tiefgründige und dadurch auch erfüllende und lebendige menschliche Beziehungen schätzt, sollte Komplexität jedenfalls nicht scheuen, sondern begrüßen.

Das Beste zum Schluss: Komplexität schafft Freiheit

Viele Menschen verbinden den Eindruck von Komplexität mit dem Gefühl, immer seltener selbst freie Entscheidungen fällen zu können. Tatsächlich agieren Menschen in der Regel in komplizierten Zusammenhängen, die ihnen nicht immer alle Optionen offenlassen und ihnen manche sogar grundsätzlich verschließen. Ob jedoch weniger komplexe Zusammenhänge tatsächlich zu einer Erhöhung der Anzahl möglicher Handlungsoptionen führen, ist zu bezweifeln.

Denn in Wirklichkeit ermöglichen komplizierte Systeme gleichzeitig eine Vielzahl von Möglichkeiten, um eigenständig zu handeln! Oft ist es gerade diese Vielfalt, die uns als kompliziert erscheint, denn sie fordert von uns, Entscheidungen zu treffen und diese auch selbst zu verantworten. Und Entscheidungen mit Weitblick lassen sich dann am besten treffen, wenn man eine Perspektive hat. Für Perspektiven gibt es jedoch keinen Download: Man muss sie schon selbst entwickeln.

In früheren Zeiten blieb dieses Selbst-Entwickeln der eigenen Zukunft ein zumeist uneinlösbarer Traum von Vielfalt. Schon die Berufswahl war alles andere als eine komplizierte Angelegenheit: Die Anzahl der realistischen Möglichkeiten war begrenzt, und oft wurde die Entscheidung von anderen getroffen. Dass viele Jugendliche die Beantwortung der Frage, was aus ihnen werden soll, heute schwierig finden, liegt zumeist nicht an einem Mangel an Möglichkeiten, sondern an der stattlichen Breite des Angebots, die eine intensive Auseinandersetzung mit der Frage nach dem eigenen Beruf und der eigenen Zukunft erforderlich macht.

Ähnliches gilt für alle möglichen Auswahlentscheidungen, von der Partnerwahl bis hin zur Auswahl der eigenen politischen oder religiösen Überzeugungen. Auch wenn die Wahlfreiheit in all diesen Bereichen natürlich nicht unbegrenzt ist, so bietet uns dennoch die moderne und „komplexe" Gesellschaft eine Menge an Möglichkeiten, um die uns unsere Vorfahren aufs Tiefste beneidet hätten. Aber

Komplexität und Freiheit sind nicht nur zufällige Zeitgenossen, sie sind ohne einander nicht vorstellbar. Nur innerhalb einfachster Systemen oder Denkgebilde gibt es keine Alternativen – wenn man nicht bereit ist, auch außerhalb dieser Zusammenhänge nach ihnen zu suchen. Diese Suche nach Möglichkeiten und neuen Perspektiven ist nicht nur die Vorbedingung für Freiheit, sie hält auch Systeme flexibel, beweglich und lernfähig.

Und je komplexer Zusammenhänge sind, desto mehr Stellschrauben gibt es, an denen man drehen und dadurch Veränderungen anstoßen kann – vorausgesetzt, man ist nicht bereit, sich von den Aposteln der angeblich komplexitätsbedingten Alternativlosigkeit abschrecken zu lassen.

Keine Zivilisation ohne Mobilität

*Wer die Enge seiner Heimat
begreifen will, der reise. Wer
die Enge seiner Zeit ermessen
will, studiere Geschichte.*
Kurt TUCHOLSKY, Schriftsteller

Wir alle möchten mobil sein. Kaum ein Mensch hält es für erstrebenswert, sein komplettes Leben an seinem Geburtsort zu verbringen. Die meisten wollen zumindest ab und zu „mal raus", etwas anderes sehen, und grundsätzlich wird das Verlegen des Lebensmittelpunktes mit einer einschneidenden Veränderung des eigenen Lebens (oder mit der Hoffnung darauf) verbunden.

Doch Mobilität bezieht sich nicht nur darauf, dass Menschen ab und an Ortswechsel vollziehen und auf Wanderschaft gehen. Sie ist heute ein Alltagszustand. Nicht wenige legen heute innerhalb einer Woche größere Strecken zurück als viele Menschen vor nur wenigen Generationen innerhalb einer ganzen Lebensspanne. Mobilität ist vielen heute so selbstverständlich, dass es auf den ersten Blick erstaunlich anmuten mag, überhaupt darüber im Zusammenhang mit einer Zeitgeisterjagd zu schreiben. Schließlich ist das „Mobilsein" etwas, das von jedem Menschen erwartet wird und für das wir jede Menge tun: Nahezu alles, was Menschen früher an einem festen Ort taten, wollen sie heute „mobil" tun: Fernsehen, telefonieren, im Internet surfen, wohnen, ja sogar „leben" gilt heute als etwas, das man gerne unterwegs erledigt.

Mobilisiert wider Willen

Es stimmt zwar, dass wir permanent unterwegs sind. Aber dennoch erleben wir tagtäglich, dass unsere Mobilität an Grenzen stößt und diese Grenzen enger gezogen werden – und damit ist nicht der morgendliche Stau im Berufsverkehr gemeint, der in der Tat manchmal das erwartete Mobilsein zu einer Qual macht. Obwohl Mobilität als Grundvoraussetzung für das Leben in der modernen Welt angesehen wird, gilt sie vielen als Problem – und zwar nicht nur die Art und Weise, in der wir mobil sind, sondern auch unser grundsätzliches Streben nach immer größerer Beweglichkeit. Das Unterwegssein wird häufig mit Stress, Gehetztsein sowie mit einem Gefühl der Entwurzelung verbunden. Dass Fehlen eines Ortes, eines fixen Bezugspunkts, an dem unser Leben tatsächlich stattfindet, wird zuweilen als eine Begleiterscheinung gesteigerter Mobilität gedeutet.

Als eine weitere Mobilitätsfolge erscheint das Gefühl, dass sich das Leben enorm beschleunigt habe und wir mit immer größeren Geschwindigkeiten durch es hindurch eilen. Dementsprechend ist „Entschleunigung" eines der modernen Zauberworte, bei dem sich der vom Alltag geplagte Mensch zumindest kurzfristig an paradiesische Zustände zu erinnern glaubt – die zumeist aber lediglich Phantomerinnerungen sind. Nicht wenige nach einem neuen Sinn in ihrem Leben Suchende meinen daher, ihr Heil in Langsam- und Beschaulichkeit finden zu können.

Nun könnte man meinen, solche Entschleunigungssehnsüchte seien zwar eine logische Konsequenz der Tatsache, dass Mobilität unsere Welt in Atem halte, aber als solche nicht weiter problematisch. Und sicherlich ist es auch nur allzu menschlich, einfach einmal zu Hause bleiben zu wollen. Und doch ist festzustellen, dass sich der Wunsch nach Entschleunigung und die Einschätzung, all unser Tun und Mühen und Rasen habe ohnehin wenig Sinn und Zweck, parallel entwickeln und miteinander in Verbindung stehen. Anders formuliert: Wenn kein erstrebenswertes Ziel zu sehen ist, hilft Mobilität auch nicht weiter, und fortgesetzte Beschleunigung wird dann als Belastung empfunden. Dieses Gefühl der Belastung durch Mobilität wächst in dem Maße, in dem es Menschen schwerfällt zu formulieren, wofür Mobilität eigentlich gut sein soll.

Näher ist weit netter

Dass der aktuelle Zeitgeist ein ambivalentes Verhältnis zur Mobilität pflegt, zeigt sich daran, dass ein Großteil der heutigen öffentlichen Auseinandersetzungen, sowohl im Großen wie auch im Kleinen, sich um Themen dreht, die etwas mit Mobilität zu tun haben: Brauchen wir wirklich eine neue Autobahn, eine Umgehungsstraße, einen neuen Bahnhof, eine neue Bahntrasse, einen neuen Flughafen oder eine neue Landebahn? Können wir uns nicht einfach alle ein wenig langsamer und vor allen Dingen weniger bewegen? Wäre es nicht besser, wir würden alle häufiger mit dem Fahrrad fahren oder zu Fuß gehen?

Müssen wir wirklich im Sommer in ferne Länder fliegen? Wozu brauchen wir eigentlich die Raumfahrt, ist sie nicht eine völlig sinnlose Geldverschwendung? Brauchen wir wirklich eine Welt, in der wir nicht nur uns selbst, sondern auch alle möglichen Güter „mobil machen" und am besten im Handumdrehen über den Globus transportieren? Ist nicht der ständige Austausch von Waren und die Mobilität von Menschen auch ein unkontrollierbares Gesundheits- und Sicherheitsproblem? Am Verlauf dieser Auseinandersetzungen, die zum Teil überaus emotional geführt werden, zeigt sich: Wer heute Mobilität an und für sich wie auch im konkreten Fall offensiv verteidigt, gerät in Konflikt mit dem vorherrschenden und als aufrecht und verantwortungsbewusst geltenden Zeitgeist, der Mäßigung, Entschleunigung und die Rückbesinnung auf das Lokale predigt.

Im Zentrum der manchmal unterschwellig, manchmal aber auch direkt geäußerten Kritik an Mobilität steht zumeist der Verweis auf ihre schädlichen Nebenwirkungen. Denn selbstverständlich haben Infrastrukturen, die Mobilität in großer Masse und Geschwindigkeit ermöglichen sollen, Einfluss auf die Umwelt. Doch den wenigsten Kritikern von Mobilität ermöglichenden Infrastrukturen geht es tatsächlich um die lokale Krötenpopulation, deren Wanderungen durch den Bau einer neuen Straße jäh gestoppt werden. Den Protesten gegen den Ausbau des Frankfurter Flughafens lag auch nicht zugrunde, dass jemand ernsthaft daran glaubte, dass der Frankfurter Stadtwald ein Naturreservat darstellt, in dem seltene wilde Tiere beheimatet sind.

Spätestens bei Protesten gegen den Ausbau des Schienenverkehrs, der gemeinhin als die umweltfreundlichste Form der Mobilität gilt, wird deutlich, dass sich hinter dem Verweis auf die bedrohte Natur andere Motive verbergen: Es ist das Misstrauen gegen Mobilität und Beschleunigung per se, das sich in der romantischen Verklärung der „unberührten" Natur Bahn bricht. In der Abwägung mit dem Naturschutz werden die Bedeutung und auch der Sinn von Mobilität relativiert. Die Argumente lauten dann, dieses oder jenes Ausbauprojekt sei „zu laut", „zu teuer" oder schlicht und ergreifend „unnötig".

Bewegung für das Hirn

Die Überzeugung, dass Mobilität als solche einen eigenen Sinn hat und für die Entwicklung eines jeden wie auch der Gesellschaft von unschätzbarem Wert ist, ist heute nicht sonderlich weit verbreitet. Immer häufiger tendieren Menschen dazu, ihren Sinn in Zweifel zu ziehen. Dabei kann man gar eigentlich nicht mobil genug sein: Mobilität ermöglicht es im wahrsten Sinne des Wortes, die Dinge „von einer anderen Warte aus" zu betrachten. Nicht zufällig findet der Begriff Mobilität jenseits der räumlichen Dimension auch bei der Beschreibung unserer persönlichen Fähigkeiten Anwendung: „Geistige Mobilität" würde niemand als „unnötig" bezeichnen oder gar ernsthaft fragen, wofür sie gut sein soll.

Was sich aber die Wenigsten heute vergegenwärtigen: Geistige und räumliche Mobilität sind direkt miteinander verbunden. Es ist kein reines Vorurteil, dass man von Menschen, die die Welt bereist haben, annimmt, sie hätten dadurch ihren „geistigen Horizont" erweitert und verfügten über eine andere „Weltsicht" als die Daheimgebliebenen. Und auch der geistigen Mobilität im Alter ist es zuträglich, den Geist nicht zu schonen, sondern ihn zu reizen – auch durchs Reisen. Natürlich macht das Reisen allein niemanden zu einem weltoffenen Durchblicker. Andererseits kann man aber konstatieren, dass es jemandem, der die Welt gar nicht sehen will, zumeist an geistiger Flexibilität, an Offenheit und an Neugier mangelt.

Die unauflösliche Verwobenheit von räumlicher und geistiger Mobilität wird nicht zuletzt durch den Blick in die Geschichte bestätigt. Es ist kein Zufall, dass die Menschen erst dann ein – zumindest weitgehend – schlüssiges Weltbild entwickeln konnten, als sie über ein breites Wissen über diese Welt verfügten und sie mit eigenen Augen gesehen hatten. Mit seinen Reisen stand Christopher Kolumbus Pate für eine enorme geistige Entwicklung Europas, nicht zuletzt, weil sie bestätigten, dass man „hinter dem Horizont" nicht von der Erdscheibe fällt und dass es Wissen gibt, das man bisher nicht hatte. Heute kann eine große Zahl von Menschen diese Erfahrung am eigenen Leib machen. In diesem Zusammenhang ist auch der eigentliche Nutzen der Raumfahrt zu betrachten: Die Erfahrungen, die die Menschheit hierdurch gemacht hat, gehen weit über das Betreten des Mondes hinaus. Gerade durch das Verlassen der Erde haben wir unschätzbares Wissen über sie gewonnen, das jedem von uns im Alltag zugutekommt.

Was im Großen gilt, stimmt auch im Kleinen: Manchmal müssen wir verreisen, um zu erkennen, wie schön (oder schrecklich) es zu Hause ist. Mobilität ist daher nicht verantwortlich für das Gefühl von Orientierungslosigkeit und Entwurzelung. Vielmehr erscheint denjenigen, die unter diesem Gefühl leiden, Mobilität als besondere

Belastung und Bedrohung des eigenen Sicherheitsgefühls. Sich auf die Suche machen, frischen Wind spüren und auch mal gedanklich „Abstand von etwas gewinnen" und sein Leben verändern wollen, sind zutiefst menschliche Bedürfnisse, wie auch der Kampf gegen die Fesseln des Alltags. Hierfür brauchen wir Mobilität – in jeder Form. Sie ist kein Luxus, sondern Grundlage unserer Existenz und unserer Entwicklung.

Entopfert Euch!

Ob Du denkst, dass Du etwas
kannst, oder ob Du denkst,
dass Du etwas nicht kannst –
Du hast in jedem Fall Recht.
Henry FORD, Unternehmer

Mal ganz ehrlich: Sind wir nicht allesamt irgendwie Luschen? Seit Jahrzehnten gelingt es nicht nur erfolgreich, die Arbeitszeit vieler Menschen stetig zu verkürzen, sondern auch, Arbeit, gerade schwere körperliche, im gesteigerten Maße von oder mithilfe von Maschinen und Computern verrichten zu lassen. Wir konzentrieren uns stärker auf das Denken und Steuern – und dennoch klagen immer mehr Menschen darüber, keine Zeit und Kraft mehr zu haben und völlig ausgebrannt zu sein. Sind die Menschen über die Jahrhunderte möglicherweise empfindlicher und weniger robust geworden?

In mancher Hinsicht ist das sicherlich der Fall: Wer von uns kann heute schon noch ein Mammut mit einem Faustkeil erlegen oder den mitteleuropäischen Winter außerhalb rundum beheizter Großstädte und ohne spezielle Hightech-Outdoor-Ausrüstung unbeschadet überstehen? Aber dafür können wir andere Dinge: zum Beispiel viel länger und auch viel gesünder und besser leben als unsere Vorfahren. Und dennoch fühlen sich viele von uns irgendwie anfälliger, fragiler und angreifbarer, weil belasteter, gestresster und unterdrückter. Und was noch schlimmer ist: Dieses Gefühl der Fragilität nimmt im Selbstverständnis vieler einen immer größeren Raum ein. Was sind die Ursachen dafür, dass wir sowohl als Individuen als auch als Gesellschaft insgesamt so an unserer Anfälligkeit hängen und sie vor uns hertragen wie ein Gütesiegel? Sind wir auf dem Weg in eine Simulanten-, Hypochonder- oder Burnout-Gesellschaft?

Um die Antwort auf die letzte Frage gleich vorwegzunehmen: Nein, wir werden nicht alle zu eingebildeten Kranken. Ich glaube nicht, dass Phänomene wie Burnout oder sonstige Formen psychischer wie physischer Anfällig- und Verwundbarkeit daher rühren, dass Menschen sich plötzlich massenhaft einbilden, überfordert und entkräftet zu sein. Hier sind nicht flächendeckend Unaufrichtigkeit oder gar Drückebergertum am Werke. Aber dass hier irgendetwas am Werke ist und die Menschen und ihr Selbstverständnis prägt, ist offensichtlich.

Von Neurasthenie zu Burnout

Für viele Menschen ist Burnout der Inbegriff einer einzigartigen psychischen wie physischen Überlastung, ausgelöst durch die moderne Welt, gegen deren hohe Anforderungen, rasende Geschwindigkeit und ohrenbetäubenden Lärm man sich kaum zur Wehr setzen könne. Interessant ist aber, dass eine ähnliche Überforderungswelle vor rund 100 Jahren ebenfalls Mitteleuropa überzog. Damals lautete die Diagnose nicht Burnout, sondern: Neurasthenie. Um das Jahr 1900 sprach man bereits von einer „Epidemie", und in den Jahren vor 1914 war sie eine der häufigsten Diagnosen überhaupt.

Der Historiker Joachim Radkau sieht auffällige Parallelen zwischen beiden Wellen: So sei das damalige Leiden häufig mit den Auswirkungen der „elektrischen Revolution" und auch mit der schon damals als rasant empfundenen Beschleunigung des Lebens in Verbindung gebracht worden – „ähnlich wie heute Burnout mit der elektronischen Revolution, der Reizüberflutung durch das Internet und der ständigen Erreichbarkeit über das Mobiltelefon".

Wenn Menschen also am Ende des 19. und zu Beginn des 20. Jahrhunderts bereits unter der „überfordernd rasanten" Moderne litten, die diagnostizierte Neurasthenie dann jedoch abebbte und in Vergessenheit geriet, um dann schließlich 100 Jahre später von

Burnout beerbt zu werden, das sich wiederum plötzlich epidemieartig verbreitet, dann liegt der Schluss nahe, dass diese Wellen andere Ursachen haben müssen als einfach nur die Überstimulation durch die moderne Welt. Denn zwischen diesen beiden Wellen hörte die Welt weder auf, modern zu sein, noch verlangsamten sich Entwicklung und Fortschritt, im Gegenteil.

Es stellt sich also die Frage: Was ist der wirkliche Auslöser dieser fast schon kollektiven Schwächeanfälle? Was hatten die Zeitpunkte des Auftretens der Wellen miteinander gemein? Die Antwort lautet: Gemein waren ihnen die Angst vor der Zukunft, die Ungewissheit angesichts sozialer Umwälzungen, Rezessionen und politischer Verwerfungen, eine wachsende gesellschaftliche und politische Orientierungslosigkeit und damit verbunden ein steigendes Gefühl der individuellen Ohnmacht und der Resignation. Die gesellschaftliche Stimmung, im Europa Ende des 19. Jahrhunderts, „fin de siècle" genannt, war geprägt vom weit verbreiteten Gefühl des Verfalls: Sie schwankte zwischen Endzeitstimmung, Defaitismus, Lebensüberdruss, Weltschmerz, Todes- und Vergänglichkeitsfaszination auf der einen sowie Euphorie, Leichtlebigkeit, Frivolität und Dekadenz auf der anderen Seite. Dieses Gefühl der Zerrüttung und des Verlustes der Orientierung schlug sich in nahezu allen gesellschaftlichen Schichten sowie auch in Politik und Kultur nieder.

Es liegt nahe zu vermuten, dass die heutige Burnout-Welle ebenfalls etwas mit der Beschaffenheit der Gesellschaft und ihres Fühlens und Denkens zu tun hat. Die Frage also lautet: Was beraubt uns heute unserer Robustheit? Und tatsächlich sind die Parallelen – wie auch die Unterschiede – zum gesellschaftlichen Umfeld der Neurasthenie-Welle der vorletzten Jahrhundertwende interessant: Die heutige Gesellschaft ist stark von Selbstzweifeln und Misstrauen gegenüber den Fähigkeiten des Menschen, Positives zu tun oder die Kontrolle über das, was wir tun, bewahren zu können, durchzogen.

Auch Ende des 19. und Anfang des 20. Jahrhunderts waren Zweifel und Misstrauen stark verbreitet, jedoch nicht in einer so bleiernen Variante: Tatsächlich litt die damalige Gesellschaft bei aller struktureller und auch destruktiver Dynamik unter politischen und perspektivischen Lähmungserscheinungen. Diese waren jedoch einem grundlegenden politischen und sozialen Konflikt innerhalb der Gesellschaft geschuldet, der die damaligen Gesellschaften zu zerreißen drohte, und nicht dem Fehlen von politischer Dynamik, wie es die heutige Lage auszeichnet.

Was den heutigen Zeitgeist des Weiteren vom „fin de siècle"-Geist unterscheidet, ist das Fehlen der fatalistischen Leichtlebigkeit und Frivolität. Diese speiste sich damals aus einer direkten Auflehnung gegenüber dem Status quo und war nicht nur kultureller und künstlerischer Art, sondern auch unterfüttert von stark antagonistischen politischen Kräften und entsprechenden gesellschaftlichen Spannungen und Verwerfungen.

Das heutige politische wie auch kulturelle Umfeld ist ein anderes: Heute wird auf Korrektheit und Verträglichkeit des Handelns geachtet. Zu schwer wiegen die Verantwortung und das erdrückende Gefühl der Schuld. Leichtlebigkeit hat in einem solchen Klima kaum eine Chance auf Sympathie, nicht einmal mehr auf heimliche. Überspitzt formuliert: Im „fin de siècle" war Fatalismus ein Freifahrtschein in die unendliche Leichtigkeit des Seins; der Weltschmerz wurde gefeiert und getanzt. Der heutige Fatalismus besticht hingegen eher durch eine ausgeprägte Lustfeindlichkeit, Ernüchterung und Schwermut; der Weltschmerz wird still und einsam erlitten.

Wie eine Leid-Kultur entsteht

Die Grundstimmung in der Gesellschaft von heute führt dazu, dass das eigenständige Agieren und Gestalten in der Selbstwahrnehmung von Menschen an Erfolgsaussicht und damit an positiver Bedeutung einbüßt. Das eigene Sein wird in der Selbstwahrnehmung weniger durch das eigene Handeln geprägt; es ist dadurch seltener auf konkrete Ziele orientiert und wird somit tendenziell passiver und introvertierter. Die heutigen Menschen sind stärker in ihrem jetzigen Zustand verwurzelt als in dem, was sie tun oder in Zukunft werden könnten. Diese stark gegenwartsorientierte und zugleich passive Selbstsicht erhöht das Gefühl der eigenen Ohnmacht, Überforderung und Verletzlichkeit angesichts der scheinbaren Beschleunigung der Welt.

Der moderne Zeitgeist trägt durch das kontinuierliche Hinterfragen und Bezweifeln der menschlichen Handlungsfähigkeit sowie der menschlichen Handlungsmotive dazu bei, dass sich diese Selbstsicht tiefer in unser Bewusstsein einbrennt. Wenn die Menschen sich nicht mehr über ihr Streben und Handeln definieren, rückt bei der Selbstvergewisserung der individuellen Einzigartigkeit beinahe zwangsläufig die eigene körperliche oder geistige Befindlichkeit stärker in den Mittelpunkt. Das Leiden, das wir in der Vergangenheit lieber verdrängten und kleinredeten (was beileibe auch keine zwingend gesunde Angewohnheit war), erfährt eine moralische Aufwertung und gewissermaßen eine stärkere identitätsstiftende Qualität.

Wir geben daher unseren Belastungen und Beeinträchtigungen immer gewichtigere und bedeutungsschwangere Namen, und viele Menschen trachten geradezu danach, als unter einem dieser bedrohlich klingenden und gefürchteten „Syndrome" Leidende anerkannt zu werden. Die hinlänglich bekannte Überarbeitung, Ausgelaugtheit und Erschöpfung, aber auch die handelsübliche Nervosität und Hyperaktivität sind vernachlässigbar, solange sie nicht als „Syndrom" das Gütesiegel zur Abwehr aller Simulationsunterstellungen tragen. Nur der anerkannte Syndrom-Patient ist heute etwas wert. Um es plastisch zu sagen: Du bist nicht mehr, was Du machst, sondern was Du durchmachst. Die Frage „Was machst Du?" wird in einem solchen Klima der Befindlichkeitsbetonung durch die Frage „Was hast Du?" ersetzt.

Die Konzentration auf das vergangene oder gegenwärtige Leiden und dessen Aufwertung begegnet einem nicht nur im Umgang mit älteren und gebrechlichen Menschen – deren ausgeprägte Nostalgie in gewisser Hinsicht nachvollziehbar wäre –, sondern in beinahe jeder Ecke der Gesellschaft. Will man öffentliche Sympathie wecken, so gibt es keinen besseren Weg als die Betonung des Leidens. Parallel zur Stärkung dieser Opferperspektive scheint aber auch die Menge an Dingen, Ereignissen, Phänomenen und Entwicklungen zu wachsen, unter denen Menschen heute zum Teil stark leiden.

Dabei sind es nicht nur die körperliche Unversehrtheit beeinträchtigende Einflüsse, unter denen gelitten wird. Heute wird psychischen Verletzungen – etwa durch Beleidigungen und Diffamierungen, sei es in der Öffentlichkeit (Stichwort „hate speech"), am Arbeitsplatz oder in der Schule („Mobbing", „Bullying") oder im Privatleben („psychische häusliche Gewalt") – ein ähnlich hoher Stellenwert eingeräumt wie den Auswirkungen physischer Gewalt. Zuweilen liest man sogar Berichte, in denen die Rolle pränataler Beeinflussungen auf die spätere Ausprägung von Erschöpfungssyndromen beschrieben wird.

Manchmal hat man den Eindruck, als sei das Leid zu der zentralen Quelle von Authentizität und Autorität aufgestiegen: Der Verweis auf eine „schwierige Kindheit" zur Erklärung für alle möglichen Marotten, Fehlleistungen und persönlichen Probleme ist nur eines von vielen und nur eines der harmloseren Beispiele für diesen Trend. Die Suche nach Individualität, sofern sie nicht auf individuelle Handlungsziele und somit in die Zukunft gerichtet ist, führt dazu, dass Menschen ihr vergangenes Leben nach besonderen prägenden Geschehnissen durchforsten, die ihre Besonderheit begründen. Anstatt aber diese zuweilen durchaus hilfreiche Selbstanalyse zum Ausgangspunkt zu nehmen, um Lösungen zu finden, gilt nicht selten bereits das Auffinden mutmaßlicher Erklärungen für individuelle Probleme als ausreichend, um so Verständnis für die eigene Verletzlichkeit einzufordern.

Das Credo „Du bist, was Du durchmachst" ermuntert zu einer Rückwärtsorientierung der Sinnsuche, da die Zukunft keine Lösung bereitzuhalten scheint. Sie erhebt jedoch nicht nur das Leiden und Erleben und die daraus gewonnene Leidenserfahrung in den höchsten moralischen Rang menschlicher Qualitäten. Sie impliziert auch, dass Fühlen mehr Wert und mehr Glaubwürdigkeit in sich trägt als Denken und Wissen. Zu der Abwertung des Handelns und Agierens gesellt sich somit eine zweite Abwertung: die der Rationalität. Wenn also nicht nur das Erdulden zulasten des Erreichens, sondern auch das Fühlen zulasten des Denkens an Wertschätzung gewinnt, so ist es nicht verwunderlich, dass bei vielen Menschen die Sensibilität bezüglich eigener Schwachpunkte und hoher Belastungen wächst. Mit ihr wächst auch die Bereitschaft, dieser Sensibilität eine größere sinnstiftende Bedeutung im eigenen Leben beizumessen. Insofern verwundert es auch nicht, dass „Robustheit" den Rang einer zunächst einmal als „gegeben" vorauszusetzende Grundeigenschaft verliert, wenn nicht sogar grundsätzlich bezweifelt und als „Indiz für die Verdrängung von Problemen" angesehen wird. Es sind weniger die Gedanken, Ziele und Träume, sondern es sind die „Päckchen" an Rückschlägen, Niederlagen, Verlusten und Beeinträchtigungen, die jeder von uns auf seinen Schultern mit sich durchs Leben schleppt, die uns auszeichnen.

Die Leidens-Genossenschaft

Verstehen Sie mich nicht falsch: Ich bin kein Anhänger der alten und von verknöcherten Tugenden getragenen „Kultur der Verdrängung", in der man so lange zu „funktionieren" hat, bis man tot umfällt. Dass sich immer mehr Menschen heute stärker und erfolgreicher auch um ihr körperliches wie seelisches Wohlbefinden kümmern (und kümmern können), ist eine positive Errungenschaft. Bauchschmerzen bereitet es mir jedoch, wenn die Beachtung eigener Schwachpunkte in das Zelebrieren derselben mündet und Menschen dazu tendieren, sich passiv über ihr individuelles Leid und ihre ganz persönliche Schwächen anstatt über ihr Denken und Handeln und über ihre Stärken zu definieren. Aus der Kombination von Passivität und hoher Sensibilität für die eigene Verwundbarkeit entsteht die Basis für einen problematischen Trend, mit dem die moderne Gesellschaft zu kämpfen hat: das Entstehen einer entmündigenden Therapiekultur, in der Menschen die Verantwortung, eigene Probleme selbst zu lösen, immer stärker und auch freiwillig an „Experten" outsourcen, was sie in der Folge tatsächlich zu ohnmächtigen Opfern des Lebens macht.

Ein Blick in den Buchladen um die Ecke oder in das Fernsehprogramm lässt erahnen, wie weit diese Therapiekultur bereits in das alltägliche Leben eingedrungen ist: Nicht nur die Unmenge an Ratgeberliteratur zu allen möglichen und unmöglichen Bereichen des Alltags, auch die mediale Dauerversorgung mit den absonderlichsten Hilfe- und Pseudo-Therapie-Sendungen ist ein Indiz dafür, wie stark die Einsicht in das Bewusstsein eingesickert ist, dass ohne professionelle Hilfe das Leben für viele kaum mehr zu meistern ist. Was gemeinhin als „Befähigung" und „Stärkung" hilfsbedürftiger Individuen gepriesen wird, steht tatsächlich für das krasse Gegenteil: für die Verankerung eines sozialen Selbstverständnisses, demzufolge selbst „normale" Menschen – sofern es sie überhaupt noch gibt – in nahezu jeder Lebenslage intensiver Beratung und Führung bedürfen.

Neben der Ausbreitung des Gefühls allgemeiner Verletzlichkeit und Hilfsbedürftigkeit ist noch ein weiteres Phänomen zu beobachten: In der „Leid-Kultur" verändert sich die Art und Weise, in der Menschen zusammenfinden. Während aktives Handeln und die Entwicklung von Perspektiven und Visionen mehr greifbare Flächen für Gemeinsamkeiten liefert, ist die introvertierte Betonung individueller Verletzlichkeit gar nicht darauf ausgerichtet, großflächige und stabile Kontakte nach außen zu befördern, die über das reine „Respektiert-Werden" hinausgehen.

Daher wird es für die Menschen zunehmend schwieriger, Gemeinsamkeiten mit anderen Menschen jenseits ihrer Leidenskreise zu entdecken und diese Kontakte langfristig mit Leben zu füllen. So ist es auch zu erklären, dass in der allgemeinen Wertschätzung Hilfsorganisationen, Opferverbände und Selbsthilfegruppen an die Stelle von Interessenverbänden, Bürgerinitiativen oder politischen

Parteien gerückt sind. Aus dem „Genossen" von einst ist im wahrsten Sinne des Wortes der „Leidensgenosse" geworden.

Mit einem einfachen „Stellt Euch nicht so an!" ist der „Leidens-Gesellschaft" und der um sich greifenden Hyper-Sensibilität nicht beizukommen. Andererseits stimmt es aber auch, dass in einer Gemeinschaft, in der Verletzlichkeit und mangelnde Robustheit das Selbstverständnis prägen, Ideen wie Freiheit oder Selbstbestimmung nicht gerade auf fruchtbaren Boden fallen. Wer jahre- oder gar jahrzehntelang eingetrichtert bekam, dass den Menschen an und für sich nicht zu trauen ist und dass wir alle in erster Linie aus Schwächen und Unzulänglichkeiten bestehen, wird nicht über Nacht auf die Idee kommen, dieses Denken über den Haufen zu werfen.

Der offensichtliche Mangel an persönlicher Robustheit reflektiert in vielen Fällen eine Beeinträchtigung des individuellen Selbstvertrauens. Dies wird zu einem gesellschaftlichen Problem, da jemand, dem ein gesundes Selbstvertrauen fehlt, nur sehr schwer ein gesundes Vertrauen zu anderen Menschen aufbauen kann. Das Gute daran ist: An einem gesunden Selbstvertrauen kann jeder selbst arbeiten. Und jeder kann frei entscheiden, ob er weiterhin Opfer sein mag oder nicht.

Schwelgen im Überfluss- und Wachstumsdenken

> Heute hat ein Massai-Krieger
> ein besseres Mobiltelefon …
> [und] Zugang zu mehr Infor-
> mationen als der Präsident
> der Vereinigten Staaten von
> Amerika vor 25 Jahren.
>
> Peter H. DIAMANDIS/
> Steven KOTLER, Buchautoren

Wir sind umgeben von Wachstum und Überfluss. In jeder Hinsicht. Doch zumeist sehen wir das nicht so. Und wir hindern uns systematisch daran, beides für uns zu nutzen. Das gilt sowohl auf der gesellschaftlichen als auch auf der persönlichen Ebene. Der Grund dafür, dass wir das Wachsen und Überfluss oft nicht sehen oder für möglich halten, ist unser Denken. Es entwickelt sich in der Regel nicht als Überfluss-, sondern als Mangeldenken. Wir sind gut ausgebildete Mangeldenker, getrieben von zahlreichen vermuteten Mängeln: dem Mangel an Wissen etwa, dem Mangel an Geld und an Ressourcen, dem Mangel an Anerkennung, an Freiraum, an Entwicklungsmöglichkeiten, an Platz, an Energie oder an Luft und Liebe.

Viele dieser Mangelerscheinungen lassen sich auf einen zentralen Mangel zurückführen: den Mangel an positivem Wachstums- und Überflussdenken. Wenn wir uns vergegenwärtigen, dass eigentlich alles im Überfluss da ist oder da sein kann, ändert sich sogleich unsere Bewertung des Mangels: Wir konstatieren seine Existenz nicht einfach achselzuckend, sondern wir beginnen, Fragen zu stellen: Warum ist für mich und andere nicht genug da? Jetzt wird das

Ganze konkreter, denn plötzlich ist kreatives Nachdenken und Handeln gefragt: Wie kann ich mich dafür einsetzen, dass für mich und auch für andere genug da ist? Wie kann der überall mögliche Überfluss angezapft, wie die Mangelerscheinung abgestellt werden? Überflussdenken befördert Kreativität.

Unser Mangeldenken ist auf gesellschaftlicher Ebene lange eingeübt; es reflektiert, wie wir es uns in den letzten Jahrzehnten eingerichtet haben. Es ist so fest etabliert, dass der Wunsch nach Überfluss, so wir ihn überhaupt noch äußern, gänzlich mit der Realität in Widerspruch zu stehen scheint. „Wie kannst Du nur so egoistisch sein und noch mehr wollen? In Afrika verhungern die Kinder! Und wir machen doch unsere Welt ohnehin schon kaputt! Spätestens dann, wenn alle Chinesen ein Auto haben, ist es soweit."

Da uns die Welt als begrenzt erscheint, gelten Wachstums- und Überflussdenken teilweise als unverantwortlich und unnatürlich. Viele Glaubenssätze untermauern diese Sichtweise: Sie lassen uns glauben, dass es nicht genug Nahrung und Platz für alle gibt, dass die natürlichen Ressourcen endlich sind, und dass wir durch Überflussdenken unsere Lebensgrundlage zerstören, weshalb es an der Zeit sei, das Streben nach Überfluss und Fülle abzulösen durch das Wertschätzen der Begrenztheit, des Verzichts und der Demut. Der Überbegriff dafür lautet: Nachhaltigkeit.

Mangel-Erscheinungen

Die den Glaubenssätzen der Nachhaltigkeit zuwiderlaufende Aussage, dass wir in Überfluss leben können und Wachstum nicht nur möglich, sondern ein unverrückbares Grundprinzip unseres Planeten, des Lebens und ja, sogar des Universums ist, muss man erst einmal verdauen. Stimmt das denn wirklich? Was ist mit den ganzen „objektiven" naturgegebenen Knappheiten und Engpässen, die uns zum nachhaltigen Wirtschaften zwingen?

Exemplarisch können wir einige der wichtigsten durchgehen. So ist beispielsweise die naturbedingte Nahrungsmittelknappheit eine Mär: Obwohl weiterhin große Teile der Welt weniger gut entwickelt sind, als sie sein könnten, und obwohl die Zahl der Menschen rapide gewachsen ist, produzieren wir heute weltweit pro Kopf um 40 Prozent mehr Nahrungsmittel als vor 60 Jahren. Wenn heute irgendwo aufgrund von Lebensmittelmangel und/oder steigender Lebensmittelpreise Armut herrscht, so ist diese in der Regel auf gesellschaftliche, mithin also menschgemachte Ursachen zurückzuführen und nicht darauf, dass nicht genug da sein könnte.

Die Idee von der grundsätzlichen Nahrungsmittelknappheit beruht auf der Vorstellung, dass die Erde so viele Menschen gar nicht ernähren könne. Und ob Sie es glauben oder nicht: Diese Vorstellung ist richtig. Mutter Natur kann so viele Milliarden Menschen alleine nicht so ernähren, wie diese es wünschen.

Das macht aber nichts, denn sie muss es auch nicht, und sie tut es auch schon heute nicht. Denn wir sind immer besser in der Lage, uns selbst zu ernähren: So gut wie nichts von dem, was wir konsumieren, entnehmen wir einfach so der Natur und fällt dort einfach so an. Von Natur aus existieren weder unsere heutigen Getreidenoch die Mehrheit der Gemüsesorten, auch keine Milchkühe und keine zum Verzehr gezüchteten Schweine, und schon gar nicht in der heute vorrätigen Menge.

Auch den „naturbelassenen Brokkoli" vom Wochenmarkt gäbe es nicht, wenn wir die Natur tatsächlich so belassen hätten, wie sie ist. All diese Lebensmittel sind menschgemacht, durch die Anwendung archaischer wie moderner Formen der Biotechnologie künstlich geschaffen, an unser Leben angepasst und daher so effizient und ertragreich. Manche der von uns für so „natürlich" gehaltenen Gemüsesorten wurden beispielsweise dadurch „hergestellt", dass man Setzlinge oder Samen gezielt radioaktiver Strahlung ausgesetzt hat und anschließend diejenigen „Mutanten" weiterzüchtete, die am leckersten aussahen. Wir können uns mit Bio-Siegeln noch so sehr in die Tasche lügen: Kaum eines dieser angeblich „naturbelassenen" Produkte ist tatsächlich ein Naturprodukt – es handelt sich größtenteils um „Kulturprodukte". Die „globale Nahrungsmittelknappheit" ist weder real noch natürlich, sie ist gefühlt, weil wir vor lauter Mangeldenken erfolgreich verdrängen, welchen Überfluss wir tatsächlich bereits geschaffen haben und welch weiterer Überfluss noch möglich ist.

Der Verweis auf die Natürlichkeit von Grenzen, die wir besser nicht zu überschreiten versuchen sollten, ist ein wichtiger Anker des Mangel- und Nachhaltigkeitsdenkens. Und je mehr Mangel wir denken, desto stärker weiten wir die angebliche Mangelhaftigkeit aus. Mittlerweile erklären wir sogar Wasser zu einer weltweit knappen Ressource. Dabei ist der irdische Wasserkreislauf wasserdicht geschlossen. Unser blauer Planet hinterlässt auf seinem Weg um die Sonne keine Wassertröpfchenspur und die auf ihm vorrätige Wassermenge ist nicht „verbrauchbar". Wenn etwas in einigen Weltregionen begrenzt ist, dann ist es der problemlose Zugang zu unbehandelt nutzbarem Trinkwasser. Wir sind in der Lage, dieses Problem durch Kreativität und Entwicklung zu beheben – vorausgesetzt, wir erklären es nicht zu einem natürlichen und somit unveränderbaren Mangel.

Ein weiterer Klassiker des gesellschaftlichen Nachhaltigkeitsbzw. Mangeldenkens ist der Glaube an die Überbevölkerung. Der britische Pfarrer und Ökonom Thomas Malthus (1766-1834) formulierte diese Überzeugung in seinem 1798 veröffentlichen „Essay on the Principle of Population". Und obwohl sich die Zahl der Menschen seitdem versiebenfacht hat und auch der Anteil derer, die in Wohlstand leben, rapide gewachsen ist, wird dieses Denken immer noch geteilt. Aber wie steht es denn mit den natürlichen Ressourcen, die ja ebenfalls, so die Nachhaltigkeitsdoktrin, durch unsere Entwicklung, unsere Zivilisation und unsere Industrie immer knapper werden? Die gibt es natürlich. Wenn alle Menschen auf der Erde ab morgen Holz-Pellets zum Heizen verwenden, wird Holz knapp, obwohl es ein eigentlich nachwachsender Rohstoff ist. Daher gibt es natürlich auch Rohstoffe, die knapp werden, gerade wenn sie nicht in der Geschwindigkeit nachwachsen, mit der sie genutzt werden.

Glücklicherweise ist der Mensch nicht nur dazu in der Lage, Dinge sinnlos zu verbrauchen, der ist auch an entscheidenden Stellen zu einem großen ABER fähig. Ein solches hat genau an dieser Stelle der Argumentation seinen richtigen und wichtigen Platz, auch wenn es nur selten ausgesprochen wird, weil es scheinbar so unerhört klingt: Wir Menschen können Rohstoffvorhaben nicht nur ausbeuten und ausplündern, sondern wir können durch unsere Entwicklung auch neue Rohstoffe schaffen bzw. Dinge zu Rohstoffen machen, die zuvor keinerlei Wert hatten.

Zu Zeiten der Römer wäre Uran, wenn es nicht erst 1789 von dem deutschen Chemieprofessor und Apotheker Martin Heinrich Klaproth isoliert worden wäre, ein völlig unbrauchbarer und somit wertloser Stoff gewesen. Seinen tatsächlichen Wert konnten Menschen erst später erkennen und nutzen. Den Römern bereits bekannt hingegen war das Metall Aluminium. Da es aber nicht als reines Metall vorkommt, war es nur sehr schwer zu gewinnen und galt als entsprechend wertvoll. Seitdem aber Mitte des 19. Jahrhunderts bekannt ist, wie man auf einfachem Wege Aluminium isoliert, ist es in Hülle und Fülle vorhanden – und spottbillig.

Ob also etwas ein Rohstoff ist oder knapp ist, ist vordergründig nicht keine Frage des Vorrats, sondern des Zugangs, der Zugangsmethode und der Verwendbarkeit, und all diese Aspekte sind Folgen der gesellschaftlichen Entwicklung und Organisation. Unterschiedliche Rohstoffsorten mögen endlich sein, aber was ein Ding heute und morgen zu einer Ressource macht, hängt einzig von der menschlichen Kreativität und dem gesellschaftlichen Entwicklungsgrad ab. Nicht Demut und Sparsamkeit lösen also Ressourcenprobleme, sondern Neugier und Fantasie. Diese sind mithin die wichtigsten Ressourcen überhaupt und dazu in unendlicher Menge vorhanden. Dass wir heute davon ausgehen, dass etwa nukleare Brennstäbe auf ewige Zeiten nicht nutzbar sein sollen und wir daher Endlagerstätten benötigen, die für Jahrmillionen Sicherheit garantieren, offenbart keine Weitsicht, sondern einen festen Glauben an unseren Kreativitätsmangel – und an den kommender Generationen.

Der Mensch, ein mangelhaftes Wesen?

Das Schöne am Leben in all seinen Formen und Facetten ist: Es ist unaufhörlich auf dem Vormarsch, es breitet sich kontinuierlich aus und entwickelt sich permanent weiter. Kein einziger Organismus auf diesem Planeten ist auf Stillstand, Verzicht oder Rückzug programmiert, alle wachsen und vermehren und entwickeln sich. Kein einziger ist einfach nur da. Das ist auch beim Menschen so, weshalb sein selbstauferlegtes Mangeldenken auch immer wieder an Grenzen und auf Widerspruch stößt – selbst wenn es noch so stark ausgeprägt und noch so sehr darum bemüht ist, die Welt als zerbrechliche Mangelware darzustellen.

Auch wenn das Mangeldenken quasi mit der Muttermilch aufgesogen wird, so gerät man doch immer wieder in Konflikt mit ihm: Viele Menschen tragen diesen Konflikt durch ihr Leben, kapitulieren irgendwann mit ihren hohen Erwartungen vor der scheinbaren Übermacht des Mangels und richten ihre Kreativität darauf, sich die eigene Mangelexistenz mit den aberwitzigsten Argumenten schönzureden. Manche entwickeln zuweilen Psychosen, Zwänge, Depressionen oder Despotien, da es schwierig ist, die Widersprüche zwischen dem, was sie sich eigentlich erhofft haben und dem, was sich ihnen bietet und erreichbar scheint, aufzulösen und zu verarbeiten.

Wenn aber alle Organismen auf Wachstum ausgerichtet sind, woher kommt dann unser Mangeldenken? Ein zentraler Unterschied zwischen dem Menschen und allen anderen Lebewesen ist der Entwicklungsgrad seines Verstandes. Bei keinem anderen Lebewesen ist der Verstand so lebensdominierend. Er ist so weit entwickelt, dass wir ein Bewusstsein von Vergangenheit, von Gegenwart und von Zukunft entwickelt haben – und auch im hohen Maße von uns selbst als Akteuren in der Zeit. Wir können problemlos Unmögliches denken und scheinbar Unveränderbares infrage stellen. Wir haben es durch unsere Verstandesleistung also mit Dimensionen und Welten zu tun, die anderen Lebewesen verschlossen sind. Dieser kleine, aber feine Unterschied in der Entwicklung hat enorme qualitative Auswirkungen auf unser Leben. Aufgrund des weiterentwickelten Verstandes finden Lern- und Verarbeitungsprozesse beim Menschen auf einer viel höheren und komplexeren Ebene statt als beispielsweise beim Menschenaffen. Und das macht uns zu schaffen.

Unsere hohe Intelligenz sorgt dafür, dass wir uns sehr komplexe gesellschaftliche Strukturen erschaffen. In diesen entstehen mehr oder minder festgezurrte Wertvorstellungen, die das Funktionieren von Gesellschaften einerseits ermöglichen, andererseits aber auch eben diese Gesellschaften zementieren. So notwendig und logisch das Entstehen von gesellschaftlich akzeptablen Werten auch ist, es kann eben auch dazu führen, dass sich der Horizont für Veränderungsmöglichkeiten verengt. Es muss viel passieren, bis Menschen sich dazu entscheiden, ihr Zusammenleben von Grund auf zu verändern: Es bedarf dazu nicht nur einer kritischen Begutachtung des Zeitgeistes, sondern auch des Verständnisses der Gründe, warum die Dinge bislang so gemacht wurden, wie sie gemacht wurden, und man muss die materiellen Möglichkeiten erkennen können (und wollen), um die Dinge tatsächlich anders zu machen.

Die Grenzen des Mangeldenkens

So reicht es, um ein aktuelles konkretes Beispiel zu nehmen, nicht aus, die gängige Abschiebepraxis an den Außengrenzen der Europäischen Union für zutiefst antihuman zu halten. Zweifellos ist sie das. Und zweifellos ist eine Welt wünschenswert, in der es keine Grenzen gibt und in der jedes Individuum von der Möglichkeit Gebrauch machen kann, dort zu leben, wo es will. Die Frage, die sich nun stellt, lautet: Wie kann ich dazu beitragen, dass wir dorthin kommen? Um den richtigen Weg zu finden, muss ich zunächst verstehen, warum wir heute keine offenen Grenzen haben. Liegt es daran, dass Menschen per se Angst vor Fremden und davor haben, dass die Menschen in den Einwanderungsgesellschaften mit Masseneinwanderung überfordert wären? Und wenn es daran liegt: Ist diese Angst begründet oder völlig aus der Luft gegriffen?

Ich persönlich bin der Ansicht, dass diese Ängste nicht völlig aus der Luft gegriffen sind. Dies nicht, weil die Menschen grundsätzlich ausländerfeindlich und ängstlich sind, sondern weil tatsächlich der politische und wirtschaftliche Status quo in den Einwanderungsgesellschaften grundsätzlich infrage gestellt würde, wenn die Grenzen jetzt geöffnet würden, und weil dieser Status quo das Denken der Menschen prägt.

Dies ist jedoch ist kein Grund dafür, die Forderung nach Öffnung der Grenzen fallenzulassen oder aufzuschieben, im Gegenteil: Viele Menschen empfinden die Abschottungspolitik der Europäischen Union als unmenschlich und falsch. Dass sie dennoch vielfach keine andere Möglichkeit sehen, um das Flüchtlingsproblem zu lösen, als die EU-Außengrenzen undurchlässiger zu machen, deutet darauf hin, dass hier gesellschaftliche Wertvorstellungen und gesellschaftliche Realität nicht mehr zueinanderpassen. Hier entsteht nicht nur Raum für, sondern auch Bedarf an Veränderung.

In diesem Raum lässt sich politisch agieren: etwa dadurch, dass man versucht, darauf hinzuwirken, dass mehr Menschen sich für gesamtgesellschaftliche Zusammenhänge interessieren. Man kann vermitteln, dass das politisch erlernte Mangeldenken sowohl eine Barriere für die innenpolitische Entwicklung als auch für die Lösung der Frage nach offenen Grenzen darstellt und somit der Hinweis, es gäbe „keine Alternative", sowohl ihnen selbst als auch den Flüchtlingen schadet. Es gibt im gesellschaftlichen Kontext keinen Mangel an Alternativen. Sie sind vielleicht nicht immer im Handumdrehen herbeizuführen oder in den aktuellen Status quo zu integrieren, sie liegen vielleicht auch nicht einfach so auf der Straße herum, aber dennoch gibt es sie. Manche entstehen auch erst, wenn man intensiv nach ihnen sucht.

Menschen lernen mehr und schneller als alle anderen Lebewesen – und nicht alles von dem ist notwendigerweise sinnvoll. Die Kraft unseres Verstandes ist so groß, dass wir nicht nur in der Lage sind, Großartiges zu erschaffen, sondern auch, an viel Falsches zu glauben. Wir können sogar problemlos die Augen vor der Realität verschließen. Wahrscheinlich ist ein Teil der Dinge, die wir wissen, denken und verinnerlicht haben, in Zukunft reiner Humbug. Dennoch machen wir diese Dinge uns zu Eigen und lassen sie tief einsickern. Der Mensch dürfte das einzige Lebewesen sein, das im großen Stile Dinge lernt und an kommende Generationen weitergibt, die ihnen gar nicht gut tun und sie daran hindern, ihr Potenzial auszuschöpfen.

Mangel ist überflüssig!

In gewisser Weise ist unser Verstand also zu groß und zu klein zugleich: zu groß, weil er uns Dinge tun und glauben lassen kann, die uns schaden, und zu klein, weil er das oft nicht oder erst spät merkt. Er ist also selbst das beste Beispiel dafür, dass die Bewertung, ob etwas im Überfluss vorhanden ist oder ob es an ihm mangelt, stark davon abhängt, aus welcher Perspektive man die Sache betrachtet. Mit diesem Problem werden wir leben müssen, denn wir können unseren Verstand nicht lahmlegen.

Um unseren Verstand also, wo er schon einmal da ist, sinnvoll einsetzen zu können, ist es wichtig, ihn nicht versteinern zu lassen, sondern ihn in Bewegung zu halten. Dies gelingt durch kontinuierliche Perspektivwechsel, durch das Hinterfragen des scheinbar Feststehenden, durch das gezielte Öffnen der Augen, durch das Suchen nach Alternativen, durch das Erkunden neuer Welten und durch das

Verlassen alter, scheinbar bewährter, aber dennoch baufälliger Gedankengebäude und Verhaltensmuster. Alles, was uns daran hindert, geistig beweglich zu bleiben und unseren Verstand zu trainieren, gilt es, aus unserem Denken zu verbannen. Der Irrglaube an unverrückbare Grenzen und daran, dass wir bestimmte Dinge nicht erreichen können, ja nicht einmal denken sollten, gehört in jedem Falle dazu. Grenzen- und Mangeldenken ist in einer Welt des Überflusses und des permanenten Wachsens nicht nur realitätsfern, sondern auch irrational, eine Beleidigung für den menschlichen Verstand und fatal für die Gesellschaft.

Ein dynamisches und sich stets bewegendes und sich veränderndes System wie die menschliche Gesellschaft abzubremsen oder gar zum Stillstand zu verurteilen, führt sie in den Untergang. Wachstums- und Überflussdenken befreit uns nicht nur von den selbst erdachten und angelegten Fesseln im Denken und Handeln, sondern ist die Basis unseres Menschseins und unseres Überlebens.

Vergrößert den menschlichen Fußabdruck!

Der Mensch ist das einzige Lebewesen, das von sich eine schlechte Meinung hat.
George Bernard SHAW,
Dramatiker und Satiriker

Jedes Lebewesen interagiert mit der es umgebenden Natur und verändert sie dadurch: der Schwamm in der Tiefsee genauso wie der Elefant in der afrikanischen Steppe oder der Mensch in Castrop-Rauxel. Das stetige Verändern der Welt ist ein Grundprinzip des Lebens. Der aus Wissenschaft und Medizin bekannte Begriff dafür lautet: Stoffwechsel. Er ist eine der wenigen Gemeinsamkeiten allen Lebens auf diesem Planeten und zudem etwas, dass es von der unbelebten Welt unterscheidet.

Während aber bei allen anderen Lebewesen der Interaktion mit der Natur kein bewusstes Streben nach Veränderung zugrunde liegt, ist der Mensch kraft seines Verstandes in der Lage, die Welt wissentlich zu beeinflussen. Der Tiefseeschwamm kann das nicht, auf Umweltveränderungen kann er, wenn überhaupt, nur sehr passiv reagieren. Auch der Elefantenherde bleibt nichts anderes übrig als weiterzuziehen, wenn die Nahrung zur Neige geht; selbst welche herstellen oder die eigene Lebensweise bewusst und grundlegend ändern kann sie nicht. Diese Lebewesen sind dem Takt und auch der Taktlosigkeit der Natur ausgeliefert. Dass der Mensch zur bewussten

Gestaltung der Welt im großen Stil fähig ist, unterscheidet ihn von allen anderen Lebewesen.

Wenn Menschen heute über die Natur sprechen, dann oft, weil sie über menschliches Handeln und dessen Aus- und Nebenwirkungen auf eben diese kritisch nachdenken. Dem modernen Zeitgeist entspricht die Handlungsmaxime, die Natur möglichst wenig beeinflussen, sie schützen und erhalten zu wollen, sie, soweit es geht, „unberührt" zu lassen. Hintergrund dieses Bestrebens ist das weit verbreitete Empfinden, dass wir es mit dem Verändern unserer Welt übertreiben und die Interaktion mit ihr zu häufig eine Einbahnstraße ist, auf der wir uns noch dazu auf dem Holzweg befinden.

Das Interessante an unserer Sorge um die Welt ist, dass es so scheint, als hätten wir hierbei einzig das Wohl von Welt und Natur im Sinn und würden gewissermaßen die menschliche Denkposition freiwillig räumen. Doch dieser Schein trügt: Tatsächlich bewerten wir das, was wir unserer Ansicht nach mit dem Planeten Erde und seinen Bewohnern „anrichten", nach zutiefst menschlichen und moralischen Vorstellungen: Wir sorgen uns um Eisbären und Robbenbabys, um Pandabären und Mammutbäume, ekeln uns aber gleichzeitig vor Spinnen, Ratten, Quallen und Schimmelpilzen und halten Delfine und Schimpansen für irgendwie wertvoller und drolliger als Hyänen, Heuschrecken und Coli-Bakterien.

Von Natur aus menschzentriert

Wir bewerten unsere Welt also nach Kategorien, die gänzlich unnatürlich und zugleich typisch menschlich sind. Und genau nach diesen Kategorien entscheiden wir auch, welche Teile oder Zustände der „Natur" wir für schützenswert halten. Orang-Utans gehören zum schützenswerten Teil, Viren nicht. Im Zentrum unserer Weltsicht stehen mithin immer wir Menschen und die moralischen Wertungen, die wir vornehmen. Wir können die Welt auch gar nichts anders sehen! Die deutsche Sprache macht uns diese Einsicht leicht: Der Begriff „Umwelt" verlangt in Unterscheidung zum Begriff „Welt" eigentlich nach der Präzision „um was?". Der Ausspruch „unsere Umwelt" wirkt hier wie eine Antwort, es ist nunmehr klar, „wessen" Umwelt gemeint ist und „um was herum" sie sich erstreckt. Durch unsere Interaktion mit der Natur machen wir die Welt zu „unserer", zur „menschlich geprägten Umwelt". Denn im Gegensatz zur Elefantenherde hat der Mensch das Potenzial, mehr zu tun als vor dem Nahrungsmangel davonzulaufen. Er strebt danach, in die Natur so einzugreifen, dass das Problem möglichst nicht mehr auftaucht – was natürlich nicht immer gelingt.

Überall dort, wo der Mensch lebt und Zivilisationen errichtet, be- und verarbeitet er die Natur und gestaltet sie zur menschlichen Umwelt um. Ihre Gestalt ist somit einerseits geprägt durch den Willen des Menschen und andererseits durch seine Fähigkeit, diesen Willen zu realisieren. Das bedeutet aber nicht, dass Menschen sich notwendigerweise überall auf der Welt identische Umwelten schaffen. Denn selbstverständlich konnten die Inuit aufgrund ihrer Lebenssituation den Ackerbau gar nicht erfinden oder weiterentwickeln, ebenso wenig, wie es für Südeuropäer überlebenswichtig war, den Iglubau zu perfektionieren. Der Mensch verarbeitet die ihn umgebende Welt, und je nachdem, wie sie beschaffen ist und welche Möglichkeiten und Notwendigkeiten sich hieraus ergeben, kommt er zu unterschiedlichen Ergebnissen. Das Wichtige an diesen so verschiedenen Umwelten sind aber deren Gemeinsamkeiten: Sie sind alle Produkte der menschlichen Naturumgestaltung und des Strebens nach einem Platz in der Welt, der das eigene Überleben sowie das Gedeihen eigener Kulturen möglich macht.

Je nachdem, wie sich Zivilisationen entwickelt haben, drängt der Bereich der menschlichen Kultur den der Natur auf unterschiedliche Art zurück. In Europa sind die Menschen heute zumeist nicht von Natur, sondern flächendeckend von Kultur umgeben, unabhängig davon, ob sie in städtischen oder ländlichen Kulturlandschaften leben. Natur kommt in unserem Leben zumeist nur noch in Form ihrer

„Unbilden" vor, sei es in Form von Wetterphänomenen, Erdbewe-
gungen oder Vulkanausbrüchen – oder aber durch das Einwandern
„wilder Tiere" in die Großstädte. Doch selbst diese Wanderungsbe-
wegungen sind letztlich menschgemacht: Sie werden dadurch ausgelöst, dass immer mehr Tiere in Ballungsräumen bessere Lebens-
bedingungen vorfinden als in den straff organisierten und symmet-
risch durchpflügten Agrarlandschaften.

Die Biodiversität – die gemeinhin als Ausdruck von intakten natürlichen Lebensverhältnissen gewertet wird – ist in den Innenstäd-
ten in den letzten Jahren kontinuierlich angestiegen und teilweise
größer als auf dem „Land". Wir halten fest: Auf nahezu alle Bereiche
der uns umgebenden Welt haben wir einen wachsenden, prägenden, ja domestizierenden Einfluss, oder können ihn haben. Unsere
Umwelt hat nur noch wenig „natürliches", sie ist zum überwiegen-
den Teil Produkt unseres Handelns. Und wir arbeiten mit Hochdruck
daran, den Einfluss der Naturgewalten, die wir noch nicht beherrschen, weiter zu reduzieren.

Bei der Frage nach dem Verhältnis des Menschen zur Natur fällt
ein weiterer interessanter Umstand auf: Menschen, die Naturgewalten schutzloser ausgeliefert sind, entwickeln zumeist ein positiveres
Verhältnis zu der Idee, diese kontrollieren und eindämmen und die
Natur beherrschen und kultivieren zu wollen. Die meisten Menschen,
die sich heute für den Umwelt- und Naturschutz engagieren und den
prägenden Einfluss des Menschen zurückschrauben möchten, leben
hingegen in künstlich geschaffenen Kulturlandschaften, deren Fähigkeit, böse und unmittelbar lebensbedrohliche Überraschungen auszulösen, überschaubar und im Alltag so gut wie ausgeschaltet ist.

Umwelt ist nicht gleich Natur

Aus dieser Tatsache ergeben sich einige Fragen: Was meinen Um-
weltschützer, wenn sie von „Natur" und „Umwelt" sprechen? Geht

es bei ihrer Sorge wirklich um „Natur"? Oder geht es nicht eher um ein Unbehagen mit den menschlichen Aspekten ihrer Umwelt, also um eine Skepsis gegenüber der Kultur und der Menschen, die sie schaffen? Das ist alles andere als eine philosophische Frage. Denn wer „Umwelt" mit „Natur" gleichsetzt, ignoriert die Tatsache, dass der Mensch seine Umwelt selbst kultiviert und den Anteil dessen, was an ihr „natürlich" ist, durch sein bloßes Leben und Handeln weiter zurückdrängt, auch dann, wenn er meint, sie zu schützen.

Wer also Politik „im Namen der Umwelt" betreibt und behauptet, keine primär menschlichen Interessen zu verfolgen, sondern als „Anwalt der Natur" zu agieren, betreibt letztlich doppelten Etikettenschwindel: weil er uns „Umwelt" als „Natur" und darüber hinaus seine Politik als irgendwie über menschlichen Interessen stehend verkaufen will. Selbstverständlich ist Umweltpolitik Menschenpolitik, und zweifelsohne liegen ihr menschliche Vorstellungen zugrunde.

Sie unterscheidet sich von anderen Politikentwürfen nur insofern, als sie offensiv die Position vertritt, sich nicht explizit um das Wohl der Menschen, sondern um die Belange der Natur zu kümmern – nur sagt man das natürlich nicht so gerne, denn es klingt bei Weitem nicht so fortschrittlich, wenn man zugibt, dass man sich einen Dreck um die Menschen schert. Die Frage, die sich daraus ableitet, lautet: Warum entscheiden sich Menschen für eine Politik, die sich explizit nicht vorrangig um sie und ihre Interessen kümmert, und die in letzter Instanz der Natur gegenüber der Kultur den Vorzug gibt?

Umweltpolitiker würden diese Zuspitzung selbstverständlich so nicht stehenlassen. Sie würden argumentieren, dass sie gar die menschlichste aller Politiken vertreten, da sie den Schutz unseres Lebensraumes zum Inhalt hat. Viele, wenn nicht gar die meisten Menschen, die mit Umweltpolitik sympathisieren, dürften dies genauso sehen. Aber wenn die meisten Menschen keinen Widerspruch zwischen menschlichen und Umweltinteressen sehen, warum dann die Natur zur Rechtfertigung in Beugehaft nehmen? Warum niedliche Waschbären auf Plakaten abbilden und auf den Schutz von Fröschen und Mulchen verweisen, wenn man auch einfach sagen könnte, man wolle die eigene Umwelt aus menschlichen Motiven heraus so und nicht anders haben?

Die Erklärung ist recht einfach: Dem Handeln im Namen der Natur wird ein moralisch höherer Stellenwert beigemessen als dem Handeln im Auftrag von Menschen. Daher wird es auch seltener hinterfragt. Letzteres verbindet man mit Interessenkonflikten, Betrug und Verrat, ersteres mit einer überparteilichen Gemeinschaft, mit altruistischer Einigkeit und nackter Ehrlichkeit. Und da ist es wieder, das Misstrauen gegenüber allem Menschlichen, das den modernen Zeitgeist ausmacht.

Dass diese Annahme der Interessenlosigkeit von Umweltpolitik jedoch ein Irrglaube ist, wird immer dann deutlich, wenn sie auf politische oder wissenschaftliche Widerstände stößt. Plötzlich stellt sich dann heraus, dass es sehr wohl unterschiedliche Meinungen zu diesem Thema gibt und Umweltpolitik nicht zwangsläufig mit den Interessen aller Menschen in Einklang zu bringen ist. So argumentieren beispielsweise die einen, Bio-Sprit sei klimaschonend, während andere argumentieren, dessen gesteigerte Nutzung führe zum massenhaften Roden südostasiatischer Urwälder oder gefährde die globale Nahrungsmittelproduktion.

Und während die einen den Bau neuer Umgehungsstraßen mit dem Verweis auf „Umweltinteressen" verhindern wollen, setzen sich andere Menschen aus Lärmschutzgründen für eben diesen Bau ein. In vielen zu Schutzreservaten und Nationalparks erklärten Regionen der Welt wird es den An- und Einwohnern untersagt, moderne Technologien zu nutzen, was immer wieder zu Konflikten führt. Der Verweis auf den Schutz der Natur bedeutet also keineswegs, dass es keinen Diskussionsbedarf mehr gibt.

Der Hinweis, man handele „im Namen der Natur", ist also mit Vorsicht zu genießen. Diese Anmaßung ist schlichtweg nicht korrekt. Sie ist nichts als ein moralisches Hilfskonstrukt, mit dem sich der vermeintlich im Namen der Natur Handelnde über all jene zu erheben versucht, die ihrerseits menschliche Interessen formulieren. Es ist nicht zuletzt dieser Impuls moralischer Erhaben- und Überlegenheit gegenüber dem normalen Erdenbürger, der dem Umweltschutz eine scheinbar religiöse, weil so unangreifbare Note verleiht. Wer im Namen der Natur zu handeln behauptet, ergreift letztlich Partei gegen die Kultur und diffamiert menschliche Interessen.

Das bedeutet natürlich nicht, dass eine auf menschliche Interessen ausgerichtete Politik automatisch die mutwillige Zerstörung der letzten natürlichen und unberührten Lebensräume zur Folge hat. Über eines sollte man sich aber im Klaren sein: Die Frage, ob Nationalparks oder Schutzgebiete ausgewiesen werden, ist eine kulturelle Entscheidung und eine Folge unserer Fähigkeit, Umwelt zu gestalten. In diesem Fall integrieren wir unkultivierte und „wilde" Flächen bewusst in unsere Umwelt. Mit der Rettung von „Natur" hat dies wenig zu tun.

Umwelt entwickeln statt Natur schützen!

Dem heute weit verbreiteten Verständnis von Naturschutz liegt die Ansicht zugrunde, dieser könne lediglich durch das Konservieren der aktuellen Umstände oder durch das Wiederherstellen alter Zustände erfolgen. Diese sehr statische und im negativen Sinne „konservative" Sichtweise widerspricht aber dem dynamischen Charakter des Lebens, das auf kontinuierlicher Veränderung basiert und diese sowohl braucht als auch bewirkt. Deshalb ist es beispielsweise auch absurd zu glauben, dass dem Klimawandel eine naturzerstörende Kraft innewohne. Klimaveränderungen sind selbst natürliche Vorgänge, und es ist kein derartiger Vorgang vorstellbar, an dessen Ende ein „unnatürlicher" Zustand stehen könnte.

Wenn wir also bestimmte „natürliche" Zustände wie etwa Wälder oder Moore oder Gletscher konservieren wollen, so tun wir dies, weil wir sie für einen festen, vielleicht notwendigen oder auch einfach nur lieb gewonnenen Bestandteil „unserer Umwelt" halten. Dafür mag es Gründe geben, dagegen aber auch. Man sollte sich aber der Tatsache bewusst sein, dass diese Bewertung eine rein menschliche ist. Der Natur schadet es nicht, wenn Gletscher abtauen, denn dieser Vorgang ist natürlich.

Und wenn wir uns und unsere Welt weiterentwickeln wollen, sollten wir die Gestaltung der von uns in weiten Teilen selbst geschaffenen Umwelt aus dem Klammergriff des rückwärtsgewandten „Naturschutzdenkens" befreien. Im Zentrum des Schutzes unserer kultivierten Umwelt stehen menschliche Interessen. Die Forderung, der Mensch solle seinen Einfluss auf die Welt reduzieren, ist kultur- und damit letztlich menschenfeindlich. Die humanistische Gegenforderung sollte dagegen lauten: Entwickelt die menschliche Umwelt! Vergrößert den menschlichen Fußabdruck!

Vom Schlaf „wandeln"
zum Zukunftmachen

> Wer ein Programm für die Zu-
> kunft verfaßt, ist ein Reaktionär.
> Karl MARX,
> Ökonom und Philosoph

Es gibt kaum einen substanziellen Artikel oder Vortrag, der nicht mit der Aussage beginnt, dass wir in Zeiten „besonders grundlegenden und schnellen Wandels" leben. Und wie bei vielen pauschalen Aussagen, die scheinbar unverrückbares Gemeinwissen widerspiegeln, schleicht sich bei mir Skepsis ein: Ist der Wandel heute wirklich so viel rasanter als in der Vergangenheit, oder ist das nur die Einbildung überforderter Ewiggestriger, die alles so behalten wollen, wie es angeblich immer gewesen sein soll und doch nie war? Wie Sie es wahrscheinlich schon erwartet haben, bekommen Sie von mir eine eindeutige Antwort: Ja und nein.

Aber der Reihe nach: Zunächst einmal ist Wandel natürlich mitnichten ein Alleinstellungsmerkmal unserer Zeit, auch nicht hinsichtlich seiner Intensität. Es wäre auch geradezu borniert, den Zeiten der industriellen Revolution, des 30jährigen Krieges, des ausklingenden Römischen Reiches, des Niedergangs der Maya-Kultur, der Blüte der italienischen Städte, der Perserkriege, der beiden Weltkriege, der antikolonialistischen Befreiungskämpfe oder des Mauerfalls nicht ebenfalls „grundlegenden" und zuweilen auch „rasanten Wandel" zu bescheinigen. Meine Großmutter hat in ihrem Leben in Deutschland nicht weniger als fünf Staatsformen erlebt. Und wir meinen, auf die Heftigkeit des heutigen Wandels verweisen zu müssen, bloß weil wir alle paar Jahre einen neuen Handyvertrag abschließen, unseren Fernseher auf eine neue Empfangsart tunen, unsere Musiksammlung auf ein neues Speicherformat umstellen müssen und demnächst für die Grippeimpfung keine Spritze mehr bekommen, sondern ein Nasenspray benutzen? Man könnte fast den Eindruck haben, als sei die Betonung der rasanten Veränderungen ein verzweifelter Versuch, bei sich und den eigenen Vorfahren Mitleid zu erheischen dafür, dass man sich heute trotz eines nie gekannten Lebensstandards, trotz einer historisch kriegsarmen Welt und trotz fantastischer Zukunftsaussichten schlecht und hoffnungslos überfordert fühlt.

Das Elend des Gewandelt-Werdens

Wenn es etwas Besonderes am heutigen Wandel gibt, dann ist es möglicherweise weder seine Radikalität noch seine Geschwindigkeit, sondern die Verzerrung, mit der er wahrgenommen wird. Peter H. Diamandis und Steven Kotler diagnostizieren in ihrem Buch „Überfluss: Die Zukunft ist besser, als Sie denken" einen weit verbreiteten Pessimismus sowie eine zynische Haltung gegenüber der Zukunft. Die Ursache dieser Haltung verorten sie in der „Unfähigkeit vieler, trotz der zahlreichen schlechten Nachrichten auch das Positive zu sehen", ein Umstand, der aus Sicht der beiden Autoren als „größte[r] Stolperstein auf dem Weg zum Überfluss" zu sehen sei.

Diese verzerrte Wahrnehmung des Wandels entsteht in erster Linie durch die Position, die die Menschen sich selbst angesichts dieses Prozesses zuweisen. Viele haben den Eindruck, der Wandel „wiederfahre" ihnen, und sie haben Mühe, mit den neuen Anforderungen Schritt zu halten. Und ihn so richtig in das eigene Leben aufzunehmen und ihn als etwas Positives zu spüren, gelingt auch nur schwer. Gleichzeitig drängt sich aber auch die Ansicht auf, dass trotz allen Wandels sich letztlich doch nicht wirklich etwas zum Positiven verändert. Wir können zwar mittlerweile mit Milliarden von Menschen in Echtzeit, fast zum Nulltarif und von zu Hause aus kommunizieren, aber eigentlich gibt es nur wenig Spannendes zu berichten. Wir können auf Unmengen von Informationen zugreifen, interessieren uns aber nur für einen immer kleiner werdenden Bruchteil davon. Wir können schneller und billiger reisen als jemals zuvor, fühlen uns aber unwohl dabei und suchen eher das Lokale und Langsame, das Bekannte und „Authentische".

Wir könnten mit unseren wissenschaftlichen Errungenschaften globale Probleme wie Hunger lösen und die Ausbreitung tödlicher Krankheiten verhindern und gleichzeitig unseren Planeten lebenswerter machen, tun es aber nicht, weil wir nach Jahrhunderten menschlicher Naturumgestaltung, auch „Kultivierung" genannt, plötzlich denken, das Bewahren von noch unentdeckten Froscharten oder von bekannten, aber nicht nutzbaren sibirischen Permafrostböden müsse nun Vorrang haben.

Uns steht mehr Wissen zur Verfügung als jemals zuvor, aber wir misstrauen Fakten, halten sie für ungenügend und gleichzeitig für so komplex und ungesichert, dass wir uns lieber auf unser Gefühl verlassen. Die ganze Welt erscheint uns wie ein immer enger zusammenrückendes globales Dorf, in dem es nichts gibt, was nicht mit uns zu tun hat, und dennoch wünschen sich viele Menschen manchmal in Zeiten zurück, in denen wir nicht alles wussten und alles sehen konnten.

Man könnte also sagen: Der heutige Zeitgeist zeichnet sich dadurch aus, dass das Betonen des außergewöhnlichen Wandels in dem Maße zunimmt, in dem eben dieser Wandel von immer mehr Menschen abgelehnt wird und am liebsten abgebremst oder rückgängig gemacht würde. Beides zusammengenommen, die eher skeptische Wahrnehmung des Wandels und die Sehnsucht nach Langsamkeit und Innehalten, also nach Stagnation, ergibt eine eigenartige Situation: Einerseits gab es wohl kaum eine Zeit, in der so viele Menschen so viele Möglichkeiten hatten, ihr Leben in die Hand zu nehmen und es zu verbessern; andererseits gab es noch nie eine Zeit, in der so viele Menschen so viele Möglichkeiten ungenutzt ließen. Noch nie war die Zukunft so vielversprechend, und noch nie haben sich die Menschen so wenig von ihr versprochen. Nie war die Welt ein besserer Ort als heute, und noch nie war ihr Zustand gemessen an dem, was möglich wäre, so unbefriedigend. Nie war mehr Licht am Horizont, und doch wendet man sich von ihm ab und sucht Zuflucht im Schatten.

Leben in Zeitblasen

Wie populär heute die romantische Idee des Weniger-Wissen-Wollens und die Verklärung von Rückschrittlichkeit ist, wird beispielsweise deutlich, wenn man sich die Beliebtheit und die allenthalben anzutreffende romantische Verklärung vergangener Zeiten vergegenwärtigt. Besonders populär ist heute beispielsweise das Mittelalter – nicht interpretiert als Epoche, in der die intellektuellen, wissenschaftlichen und auch gesellschaftlichen Grundlagen für Renaissance und Aufklärung gelegt wurde, sondern als Epoche, die sich durch weit verbreitetes Unwissen, Aberglauben und den Mangel an Fortschritten auszeichnet.

Ich empfehle Ihnen, einmal eines der unzähligen Mittelalter-Festivals oder einen der vielen Mittelalter-Märkte zu Anschauungszwecken zu besuchen. Sie werden dort ganz viele Menschen antreffen, die dort einfach nur bummeln gehen und sich über die seltsam Kostümierten amüsieren, aber auch eine Reihe von Menschen, die hier ganz bewusst eine „Auszeit von der Moderne" nimmt und in dem vermeintlichen „Zauber traditioneller Übersichtlichkeit und Einfachheit" längst vergangener Jahrhunderte Zuflucht sucht. Hartgesottene Mittelalter-Fans (die bunte Palette reicht von Rockern über Grufties bis hin zu Ökos, Schamanen und allerlei selbsterklärten Aussteigern) leben auf diese Ausbrüche hin, ihr Leben im Hier und Jetzt erscheint wie ein Überwintern bis zur nächsten „Rückkehr ins echte Leben".

Selbstverständlich sind diese hochmodernen und künstlich er-
zeugten Retro-Übersichtlichkeiten und -Identitäten fern jeder Authentizität: Es duftet in diesen Lagern nicht nach Exkrementen,
Verwesung und menschenfeindlicher Armut, sondern nach frischen
Kräutern, exotischen Speisen und nach Lagerfeuer-Romantik. Die
mit fair gehandeltem Holz verkleideten und gut durchlüfteten Sani-
täranlagen und die Erste-Hilfe-Zelte stehen gut versteckt am Rand
der sauber gehaltenen Plätze, das Essgeschirr an den Verkaufsstän-
den wird vor Benutzung mit fließendem Wasser und ökologisch ab-
baubarem antibakteriellen Spülmittel gereinigt, und selbstverständlich wird auch Menschen unterschiedlichster kultureller Hintergrün-
de und Altersgruppen Zugang zu den modernen Zelten gewährt,
auch wenn das „damals, als die Welt noch im Lot war", nicht vorge-
sehen war.

Nun bin ich weiß Gott kein Partymuffel, und die unterschiedlichsten Zerstreuungen und Genüsse des schönen Lebens sind mir
durchaus ans Herz gewachsen. Auch gegen freizeitliche exotische
Ausbrüche auf Zeit habe ich nichts einzuwenden und genieße sie
ohne Reue. Skeptisch werde ich lediglich dann, wenn ich den Eindruck habe, dass diese Ausbrüche aus dem „realen Leben" zum
Sinnersatz für ein immer mehr als sinn- und ziellos empfundenes
Alltagsleben werden. Die Richtungen, in die „ausgebrochen" wird,
spiegeln nicht selten den Verdruss mit der Realität sehr anschaulich
wider: Auf Mittelalter-Märkten dominiert der Verdruss gegenüber
moderner Technologie und Künstlichkeit, während es in Wellness-
Tempeln eher den Folgen des modernen Stresses und der allgemeinen Beschleunigung sowie in Meditations-Seminaren dem Verlust
der spirituellen Mitte, bewirkt durch allerlei Reizüberflutungen und
Verführungen, an den Kragen geht, um nur ein paar wenige Beispiele zu nennen. Anders formuliert: Wer schon unter der Woche nur
trocken Brot zu knabbern hat, wird zum Ausbruch aus dem Alltag
kein Wellness-Fastenwochenende buchen, selbst wenn er sich das
finanziell leisten könnte (Angebote dieser Art sind alles andere als
kostengünstig).

Natürlich hat es romantische Verklärungen längst vergangener Zeiten und die Sehnsucht nach damit verbundenen Kultur-, Körper- und Sinneszuständen schon immer gegeben. Und schon immer spiegelten sie die Verunsicherung gegenüber dem aktuellen bzw. dem vermuteten Wandel wider. Je unverständlicher und unkontrollierbarer dieser erscheint, desto stärker ist in der Regel die Suche nach Sicherheiten in der Vergangenheit ausgeprägt. Wenn an den heutigen Zeiten tatsächlich etwas bemerkenswert ist, dann vielleicht, dass zwar Altes zerbröselt und sich auflöst, aber zugleich für das Neue, das überall entsteht, kaum neue und zukunftsweisende Ideen und Visionen, wohin die Reise der so perfekt ausgestatteten Menschheit in Zukunft gehen könnte, entwickelt werden.

In früheren Zeiten haben zwar auch viele Menschen aus genau diesen Motiven heraus Wandel und Fortschritt befürchtet und abgelehnt, möglicherweise aber wird dieser Sicht auf den Wandel heute besonders selten widersprochen. Versuchen Sie heute einmal, einen ganz und gar überzeugten Anhänger des Fortschritts zu finden, der Ihnen unverblümt ins Gesicht sagt, er habe keinerlei Zweifel daran, dass die Zukunft der Menschheit eine rosarote sein könne. Früher gab es solche Leute, und sie kämpften dafür, dass ihre Sicht der Dinge Verbreitung in der Gesellschaft findet: Manche von ihnen nannte man „Aufklärer", andere nannten sich selbst „Sozialisten", Kommunisten" oder gemeinhin „Linke".

Vergegenwärtigt man sich, was heute aus den politischen Kreisen, die sich als Erben dieser Zukunftsdenker verstehen, zu Themen wie Fortschritt und Optimismus zu hören ist, scheint es schlichtweg kaum vorstellbar, dass historisch betrachtet einst gerade die Linken zu den lautstärksten Antreibern und vehementesten Verfechtern des technologischen Fortschritts und radikaler Veränderungen zählten. Sie kritisierten die Gesellschaft, in der sie lebten, nicht dafür, dass sie „zu viel" und zu viel Überflüssiges produzierte, sondern dafür, dass sie sowohl sozial und kulturell als auch ökonomisch und technologisch nicht gut genug war, um die Menschheit voranzubringen.

Gefangen im Jetzt

Heute wird zwar viel über „den" Wandel gesprochen und nachgedacht, aber mit nur sehr wenig Zutrauen in die Fähigkeit, diesen sinnvoll gestalten zu können. Und wenn die „Rasanz" des Wandels beklagt wird, meint man häufig gar nicht die tatsächlich atemberaubenden Umwälzungen, sondern eher die kleinen unmittelbar erfahrenen Verschiebungen an der Oberfläche der Welt. Zu groß sind vielfach die Selbstzweifel und das Misstrauen gegenüber anderen Menschen, in deren Wissen und Ansichten, als dass sich hier eindeutig unterscheidbare Vorstellungen von dem, was morgen möglich sein könnte, entwickeln könnten.

Da die Vergangenheit als etwas erscheint, von dem man sich großflächig verabschieden soll, die Zukunft aber kaum selbstbewusst gedacht und eher befürchtet wird und man angesichts ihres Herannahens lieber instinktiv auf die Bremse tritt, verharrt die Gesellschaft mit einem mulmigen Gefühl im Hier und Jetzt. Oft weiß man nicht so recht, ob man sich mehr vor zu rasanten Veränderungen oder vor zu langsamen ängstigen soll.

Diese Unsicherheit spiegelt sich auch in dem Gefühl wider, einem kaum überschaubaren Haufen von Widersprüchlich- und Unzulänglichkeiten gegenüberzustehen, der, wenn überhaupt, nur schwer überwindbar ist. Die Gedankengebäude der Vergangenheit verstellen als Ruinen den Blick auf Gegenwart und Zukunft. Sich an ihnen orientieren zu wollen, macht offensichtlich nur wenig Sinn, sodass man gut daran täte, sie eher häufiger als seltener zu ignorieren.

Denn trotz aller manchmal verständlichen Sehnsucht nach Übersichtlichkeit und bekanntem Terrain lässt es sich nicht verneinen: Der Wandel findet definitiv statt! Er lässt sich auch gar nicht stoppen, absagen oder verbieten, denn er ist die Begleiterscheinung menschlichen Lebens, Wachsens und Lernens. Und auch die Dinge, nach denen sich heute viele in ihrer Veränderungsphobie zurücksehnen, sind in der Regel Produkte menschlich vorangetriebenen

Wandels. Nehmen wir als Beispiel die derzeit in aller Welt als „Energiegewinnungsformen der Zukunft" präsentierten Technologien: Die Wasserkraft wurde höchstwahrscheinlich schon beim Bau der Cheops-Pyramide vor mehr als 4.500 Jahren im großen Stil eingesetzt. Die Windkraft wurde bereits 1750 v. Chr. im alten Babylon genutzt. Dort soll es nach Ansicht von Forschern die ersten Windmühlen gegeben haben. Selbst manche „modernen" technischen Erfindungen im Energiezusammenhang sind vergleichsweise alte Hüte: Die Brennstoffzelle beispielsweise wurde im Jahr 1838 erfunden. Erst heute gilt sie vielen als wegweisende Zukunftstechnologien, ähnlich dem Elektroauto, das erstmals 1888 durch Deutschland fuhr.

Auch wenn viele der technischen Innovationen in ihren embryonalen Formen schon einige Schaltjahre auf dem Buckel haben, so gehört doch insbesondere der Bereich Technologie zu denen, die das Morgen nicht nur heute schon sichtbar, sondern sogar das Übermorgen vorstellbar machen. Der individuelle Flugverkehr mit Kleinstmaschinen lugt ebenso am Horizont hervor wie die Herstellung von leckeren Schweineschnitzeln, ohne dass dazu niedliche Tierchen gezüchtet und geschlachtet werden müssen. Denkbar erscheint ebenfalls die nahezu grenzenlose Energiegewinnung durch Kraftwerke im erdnahen Orbit, die dazu führen wird, dass uns unsere Urenkel angesichts unserer derzeitigen Verliebtheit in Windräder, kleingehexelte Wälder (in Form von Holzpellets) und in Kuhmist dereinst als „Energie-Steinzeitmenschen" belächeln werden.

Die Entwicklung von Datenspeichermedien und Rechnerleistungen ist ebenfalls grob abschätzbar: Nach den Annahmen von Raymond Kurzweil aus dem Jahr 2005 wird im Jahr 2023 ein Computer mit der Rechenkapazität des menschlichen Gehirns (2 x 1016 Operationen/Sekunde) 1000 US-Dollar kosten. 2059 wird man nach Kurzweil für einen Cent einen Computer kaufen können, dessen Rechenkapazität der Leistung allen dann lebenden Menschenhirne (9 Milliarden) entspricht. Zur selben Zeit wird mit dem kommerziellen Einsatz von hochmodernen Flugzeugen gerechnet, die die Strecke New York – Peking während eines Fußballspiels bewältigen können.

Solche Möglichkeiten erscheinen vielen heute noch völlig unrealistisch. Gleichzeitig aber führen sie vor Augen, was von längerfristigen und noch dazu eine Vielzahl komplexer Zusammenhänge abdeckender Zukunftsvorhersagen zu halten ist, deren Ergebnisse durch Beschreibungen dessen gekennzeichnet ist, was „auf keinen Fall" möglich sein soll. Die populären Listen falscher Zukunftsprognosen bringen uns heute immer wieder zum Schmunzeln. Flugzeuge, Telefone, Fernseher, Computer, Benzinautos, Antibiotika, Herztransplantationen, das Internet – all jene Innovationen wurden zumindest belächelt, wenn nicht sogar für unmöglich und überflüssig gehalten und verteufelt. Und immer lag man falsch.

Warner aus der Vergangenheit

Interessanterweise gibt es aber einige Prognosen aus der Vergangenheit, die, obgleich sie sich nicht als minder falsch herausstellten, eben nicht belächelt, sondern bis heute gefeiert werden. Eines der wohl bekanntesten Bündel von zwar falschen, aber höchst populären Prognosen ist die vom US-Ökonom Dennis L. Meadows 1972 im Auftrag des „Club of Rome" erstellte Studie „Die Grenzen des Wachstums": Hier wurde auf Basis von rechnergestützten Simulationen nicht nur das baldige Erschöpfen nahezu sämtlicher natürlicher Ressourcen, sondern auch der unausweichlichen Untergang der menschlichen Zivilisation durch Nahrungsmittelknappheit und Umweltzerstörung „errechnet". Es ist gut zu wissen, dass die Rechenkapazität, die zur computergestützten Widerlegung solcher Vorhersagen notwendig ist, künftig für den Gegenwert einiger weniger Bruchteile eines Cent zu haben sein wird.

Obwohl seine Zukunftsvisionen heute allesamt Ehrenplätze im Museum für historische Kuriositäten verdient hätten, zählt Meadows weiterhin zu den profiliertesten Prognostikern und Warnern, wird weltweit herumgereicht und mit Preisen behängt. Ein Grund dafür liegt sicherlich in der erstaunlichen Zähigkeit des pessimistischen und apokalyptischen Denkens, das jede Fehlerhaftigkeit der eigenen Voraussagungen als Beleg für deren eigentliche Relevanz uminterpretiert: Ohne die ausufernden Warnungen, so die Logik des alarmistischen Denkens, wäre heute niemand mehr am Leben, der eine Widerlegung formulieren könnte. Es ist insofern weniger die konkrete Prophezeiung, die zählt, sondern die Weltsicht und das dazugehörige Menschenbild, auf dem sie beruht – und diese wird nicht unbedingt dadurch infrage gestellt, dass sich der Prophet vielleicht um 100 Jahre oder den Untergangsfaktor 15 verrechnet oder aber komplett getäuscht hat. Was zählt, ist die „Message" – und auf dieser Ebene ist Meadows eben nicht widerlegt, sondern brandaktuell und sonnt sich im öffentlichen Scheinwerferlicht.

Die gute Nachricht aber ist: Um ein möglicherweise etwas chancenorientierteres Verhältnis zum Phänomen des Wandels zu entwickeln, muss man nicht als erstes Berge von Wissen über die vermeintliche Ausgestaltung der Zukunft anhäufen. Pessimismus ist keine Frage der Verfügbarkeit von Informationen und Daten, sondern der Grundeinstellung gegenüber der Welt, den Menschen und gegenüber sich selbst. Entscheidend für eine konstruktive Betrachtung von Zukunft und die sich hieraus ableitenden Handlungsschritte sind also Annahmen, die aus Vergangenheit und Gegenwart stammen. Unter diesen Annahmen gibt es viele, die einem Menschen den Blick auf die Zukunft verstellen können bzw. ihn, wenn man so will, zu einem „Feind" des Wandels werden lassen in dem Sinne, dass er keinen oder nur einen geringen Glauben daran hat, dass man Wandel überhaupt bewusst gestalten kann (und deshalb auch Fragen nach dem konkreten „Wie" erst gar nicht stellt). Das hat viel mit dem Gefühl der Orientierungslosigkeit und Ohnmacht in der Gegenwart und mit einer Lesart von Geschichte zu tun, in der Menschen sich nur selten als handelnde Subjekte empfinden, weshalb aus ihrer Sicht häufig auch die Zukunft per Autopilot anvisiert und gestaltet wird.

Zukunft entsteht im eigenen Kopf

Es ist also letztlich die Einstellung gegenüber den Menschen, „der Menschheit" und auch gegenüber sich selbst, die die Wahrnehmung des Wandels prägt. Wenn ich der Überzeugung bin, dass meine eigene Zukunft kaum besser werden kann als die Vergangenheit, so werde ich höchstwahrscheinlich Recht behalten, denn auf der Basis genau dieses Denken werde ich mein Leben angehen. Da die Zukunft in dem Moment, in dem man über sie nachdenkt, nicht existiert, ist sie also in erster Linie ein Produkt unseres Denkens und Handelns. Letztlich beeinflusst also unsere Einstellung nicht nur den Blick auf die Zukunft, sondern auch die Zukunft selbst. Der Einzelne mag den eigenen Einfluss für mehr oder weniger gering halten. Wenn aber eine ganze Gesellschaft die Zukunft nicht offen denkt oder denken mag, sondern lediglich danach trachtet, sich „abzusichern", wird sie zwangsläufig die Entwicklung von Technologien in diese Richtung befürworten und ihre Ressourcen darauf konzentrieren wollen.

Das Beispiel Denis L. Meadows zeigt eindrucksvoll, dass Prophezeiungen, vor allem pessimistische, sehr langlebig sein können, selbst wenn die vermeintlichen wissenschaftlichen Beweise und Fakten, auf denen sie beruhten, längst widerlegt wurden. Es reicht also nicht aus, wissenschaftliche Gegenbeweise zu führen, solange nicht grundlegendere Überzeugungen wie beispielsweise die Grundeinstellung gegenüber der Menschheit und der Zukunft infrage gestellt werden. Das humanistische Denken begreift die Offenheit und Unvorhersehbarkeit von Zukunft als Kernelement menschlicher Freiheit und begrüßt sie dementsprechend uneingeschränkt. Das misanthropische und zynische Denken hingegen versteht die Zukunft als „unvorhersehbar unsicher" und den Erwartungshorizont als „geschlossen".

Da der heutige Zeitgeist die Hoffnung und den Optimismus trübt, erachten vielen Menschen Sicherheit für wichtiger als Freiheit: Aufgrund der niedrigen Erwartungen an die Zukunft gelten Freiheit und der, der sie fordert, als potenzieller Unruhestifter, zumindest aber als blauäugiger Fantast. Die Vorstellung, dass die Zukunft offen ist, wird gewissermaßen als Garant für Unsicherheit, nicht aber als Chance verstanden. Anstatt aber Unsicherheiten und Risiken um jeden Preis vermeiden zu wollen, wie es unsere aktuelle Angstkultur geradezu verbindlich vorschreibt, ist eine Gesellschaft, die eine bessere Zukunft sucht, gut beraten, den Verlust vermeintlicher Sicherheiten zu begrüßen, Unsicherheit als Handlungsfreiheit umzuinterpretieren und entsprechend zu feiern.

Eine Zukunft ohne Offenheit und Unsicherheit ist nichts als eine Verlängerung der Gegenwart mit all ihren Unzulänglichkeiten, die den heute nahezu alle Debatten überwuchernden Zynismus überhaupt erst produziert hat. Und in einer solchen Gegenwart ist die einzige gemeinhin akzeptable Form des Wandels: der Schlafwandel. Mensch, wach auf!

„Carpe diem" und die lebensmüde Gesellschaft

Carpe diem! Nutzet den Tag,
Jungs! Macht etwas Außerge-
wöhnliches aus Eurem Leben!
John KEATING, Filmfigur

Zum ersten Mal kam ich mit dem Ausspruch „Carpe diem" in Kontakt, als ich 1990 den „Club der toten Dichter" des amerikanischen Regisseurs Peter Weir sah. Für einen rebellischen Abiturienten mit wirren Haaren auf und unwirschen Gedanken im Kopf wie mich war das weitaus mehr als einfach nur ein Film: Er öffnete mir die Tür zu einer neuen Welt, in der das Selbstdenken plötzlich gefragt war und die Möglichkeiten für eine Zukunft bot, und waren sie auch noch so versteckt, geheim, unterdrückt und gefährlich.

Rebellion durch Poesie

Die Geschichte des preisgekrönten Meisterwerks erschien mir wie gemalt: Mithilfe der unkonventionellen, fordernden und aufklärerischen Präsenz des neu an das konservative Welton-Internat gekommenen Literaturlehrers John Keating erschließt eine kleine Gruppe von wohlerzogenen Eliteschülern plötzlich die verbotene Welt der Poesie mit all ihren antiautoritären Konsequenzen. Keatings Unterrichtsmethoden sind ein Faustschlag ins Gesicht des Eliteinstituts: Er lässt seine Schüler Seiten aus Lehrbüchern herausreißen und auf Stühle steigen, damit sie die Welt aus einem anderen Blickwinkel sehen.

In der Ehrenhalle des Internats konfrontiert Keating die Schüler mit den Fotos vergangener Schülergenerationen: „Sie sehen kaum anders aus als Sie, nicht wahr? Aus ihren Augen strahlt Hoffnung, wie bei Ihnen. Sie halten sich für wunderbare Dinge bestimmt, genau wie viele von Ihnen. Nun, wohin sind diese lächelnden Gesichter verschwunden? Was wurde aus ihren Hoffnungen? Haben die meisten von ihnen nicht gewartet, bis es zu spät war, um in ihrem Leben nur ein Quäntchen von dem zu verwirklichen, wessen sie fähig waren? (...) Jetzt besehen sich die meisten dieser Gentlemen die Radieschen von unten. Doch wenn Ihr sehr nahe heran geht, Jungs, dann hört Ihr sie flüstern. Gehen Sie näher heran! Lauschen Sie: [Keating flüstert den Schülern von hinten über die Schultern:] ‚Carpe diem. Nutzet den Tag, Jungs. Macht etwas Außergewöhnliches aus eurem Leben!'"

Natürlich endet die Jungpoeten-Rebellion in der Katastrophe: Neill Perry, der Keatings Lebensphilosophie am tiefsten eingesogen hatte, zerbricht an dem Konflikt mit seinem autoritären Vater, der ihn aus Keatings Wirkungsbereich entfernen und auf die Militärakademie schicken will. Keating wird für den Selbstmord des Schülers verantwortlich gemacht und der Schule verwiesen.

Aber dennoch tragen er, die Poesie, die Freiheit des Denkens und damit das Leben an sich am Ende des Films den moralischen Sieg davon: In der Literaturstunde eins nach Keating erhebt sich ausgerechnet der bis dahin mutlose und anpasslerische Zweifler Todd Anderson, um vor dem entsetzten Ersatzlehrer alter Schule auf den Stuhl zu steigen. Ihm folgt – vor den Augen des gerade seine Sachen aus dem Unterrichtsraum holenden Keating – nach und nach die gesamte Klasse.

Carpe diem 2.0

Seit diesem Film ist „Carpe diem" für mich ein Aufruf, das Leben dadurch zu genießen, dass man sich wehrt, sich mit Unrecht nicht stillschweigend abfindet und den Tag nutzt, um die Dinge zum Besseren zu wenden, und seien diese Versuche auch noch so begrenzt. Insofern müsste es mich eigentlich erfreuen, dass man den Spruch „Carpe diem" mittlerweile an fast jeder Straßenecke hört und liest. „Carpe diem" ist heute als Name für nahezu alles zu finden, das etwas auf sich hält, u.a. für Personalvermittlungen, Altenwohnanlagen, Lifestyle-Messen, Wellness-Clubs, Gesundheitszentren, Esoterik-Institute, Cafés, Bars und Hotels, Musiklabels, Modegeschäfte, Selbsthilfeorganisationen, Reiseveranstalter, Kochstudios, universitäre Studienprojekte, Campingplätze, Innenausstatter, Radiosendungen, Zeitschriften, Friseursalons, Jugendzentren und Immobilienmakler. Es scheint, als sei „Carpe diem" das Motto unserer Zeit.

Aber hat es auch dieselbe Bedeutung? Steht „Carpe diem" in dieser inflationären Verwendung noch für das, was John Keating mit Verweis auf den römischen Dichter Horaz (65 - 8 v. Chr.) ausdrücken wollte? Hat das zeitgenössische „Carpe diem" noch den auffordernden, aktivierenden, Verantwortung einfordernden und damit potenziell rebellischen Gehalt? Leben wir tatsächlich in aufbrechenden, optimistischen, freiheitsliebenden und poetisch-rebellischen Zeiten? Nein, leider nicht, und deswegen reagiere ich nahezu allergisch auf die Omnipräsenz von „Carpe diem". Der heutige Zeitgeist hat dieses Motto nicht nur geglättet und entleert, er hat es in sein Gegenteil verkehrt.

Als Horaz den Satz prägte, beließ er es nicht bei der Aufforderung, den Tag zu nutzen oder ihn zu „pflücken", wie man ihn auch übersetzen kann, sondern er ergänzte: „... und verlass Dich möglichst wenig auf den folgenden" („Carpe diem quam minimum credula potero"). Der Pessimismus unserer Zeit hat diesem eigentlich zukunftsorientierten Leitsatz einen zukunftslosen, gleichgültigen und hedonistischen Dreh verpasst. Verstanden wird er heute vielfach wie die Aufforderung „Lebe jeden Tag, als wäre er Dein letzter." Horaz' Leitsatz, den heutigen Tag zu nutzen und sich nicht auf den nächsten zu verlassen, bedeutete nicht, dass dieser nächste Tag womöglich gar nicht mehr anbricht. Unser morbider Zeitgeist meint aber genau dies: Er ruft uns dazu auf, das Hier und Jetzt zu genießen, ohne Perspektive, ohne Zukunft, und auch ohne Verantwortung. Das ursprüngliche „Nutzen" wird ohne jede Zukunftsorientierung zu einem bloßen „Genießen".

Die Popularität von „Carpe diem" als Inbegriff des modernen Wohlfühl-Lifestyles fußt auf seiner hedonistischen Neuinterpretation, die angesichts der schnellen Vergänglichkeit von Leben und Schönheit das möglichst sorgen- und gedankenlose pure Genießen des Augenblicks ins Zentrum rückt. Moderne und zeitgeistgemäße Entsprechungen dieser Interpretation von „Carpe diem" sind u.a. das populäre Akronym YOLO („You only live once") oder auch die fatalistische Redewendung „nach mir die Sintflut".

Wohlfühlbad im Stillstand

Widmen wir uns einmal ein wenig genauer dem zeitgenössischen Credo, das Leben so zu leben, als gäbe es kein Morgen. Für mich wäre ein Leben voller idealer, letzter Tage Zeitverschwendung, denn es fände keine Veränderung, kein Lernen, kein Ringen um etwas statt, es wäre ein Leben ohne das, was das Menschsein aus- und das Morgen so spannend macht. Warum soll jeder Tag wirklich so „schön" sein, dass er zum krönenden Abschluss des Lebens taugt? Was sagt es über unsere Erwartung an das Leben, wenn wir einfordern, täglich eine positive Gesamtbilanz mit Happy-End ziehen können zu müssen? Ist ein erfülltes Leben wirklich eines, das wir jederzeit mit einem guten Gefühl hinter uns lassen können? Oder geht es nicht eher um Bewegung, darum, sich zu entwickeln und Ziele langfristig zu verfolgen und, wenn es sich einrichten lässt und auch wenn es Kraft und Zeit kostet, diese auch zu erreichen?

Wer dem sinnentleerten Gehalt des „Carpe diem 2.0" folgend jeden Tag so lebt, als sei er sein letzter, hat offensichtlich nichts, worauf er hinarbeitet, nichts, was er anstrebt, nichts, was er riskiert und nichts, was er hinter sich lassen möchte. Das ungetrübte Genießen eines jeden Tages unabhängig davon, was danach kommt, ist ein direkter Aufruf zum Stillstand. Mehr noch: Es erklärt die Stagnation und das Unbeteiligtsein zum Lebensziel, zum bestmöglichen, was wir erreichen können. Denn dass man, um etwas zu erreichen, auch mal in den „sauren Apfel beißen" muss, liegt auf der Hand. Dies tut man, wenn man davon ausgeht, dass es etwas gibt, für das sich es lohnt, Zeit und Energie oder sogar sich selbst zu „opfern". Wer keine lohnenden Ziele hat, dem bleibt gar nichts anderes übrig, als den Tag mit künstlicher Bedeutung aufzuladen und einzig dem Weg zu huldigen, auch wenn dieser im Kreise führt.

Nicht zuletzt zerstört eine solche Denk- und Lebensweise die tatsächliche Schönheit des Augenblicks, der sich von dem Vorher und dem Nachher unterscheidet. Sie macht das Jetzt zu einem orientierungs- und ziellosen „Immer", ohne Aussicht auf Veränderung, auf Befreiung, auf Zukunft. Wer predigt, man solle jeden Tag wie seinen letzten leben, beerdigt den Glauben an bessere Zeiten – und damit jede sinnvolle Ambition, etwas Besonderes aus jedem Tag zu machen.

Die Renaissance des Todes

Aber ich empfinde noch einen weiteren Aspekt des seiner ursprünglichen Bedeutung beraubten „Pflücke-den-Tag-Dogmas" als überaus bedrückend: Seine Popularität entwickelt sich Hand in Hand mit dem gesellschaftlichen Trend, den Tod stärker als Teil des Lebens anzuerkennen, eben auch dadurch, dass man ihm einen besonderen

Sinn verleiht, sich auf ihn vorbereitet und ihn nicht ausblendet und verdrängt.

Die Diagnose, dass die Gesellschaft bislang dazu tendierte, den Tod auszublenden, schreit förmlich nach Ursachenforschung. Ein wichtiger Aspekt ist hier sicherlich die Abkehr von den klassischen Religionen, die das Verständnis des Todes sowie den Umgang mit ihm entscheidend beeinflusst haben: Im Christentum erhält das Sterben seine Bedeutung als Übertritt in eine andere Welt, die entweder paradiesischer oder höllenhafter Natur ist. Es ist daher insofern integraler Bestandteil des Lebens, als dass die mit ihm verbundene Reise die unsterbliche Seele genau in die jenseitige Welt führt, die sie verdient hat. Im Islam gibt es ebenfalls eine direkte Beziehung zwischen dem Leben im Jenseits und dem Verhalten auf Erden. Wer in dieser Welt stets gut und rechtschaffen war, wird auch im Judentum belohnt. Die Frage nach dem Leben nach dem Tod beantworten Buddhisten mit dem Konzept der Wiedergeburt: als was die Seele jedoch wiedergeboren wird, ist abhängig davon, wie gut sie ihr Leben (sowie ihre vergangenen Leben) im Dienste der gesamten Menschheit genutzt hat – wobei das Glück einer Wiedergeburt als Mensch als höchst selten gilt.

In all diesen religiösen Vorstellungen zieht der Tod seine Relevanz unmittelbar aus dem zuvor gelebten Leben, was dem Sterben bei vielen gläubigen Menschen zumindest teilweise den Schrecken nimmt. Umgekehrt betont die Funktion des Todes die Relevanz des moralischen Verhaltens.

Ohne diese Bezugnahme auf religiöse Vorstellungen fällt heute die Beantwortung der Frage nach dem Sinn des Todes schwer. Da den klassischen Religionen in der modernen Welt immer weniger Bedeutung beigemessen wird, entsteht beim Thema Tod eine „gesellschaftliche" Sinnlücke. In der heutigen Welt besteht aber nicht nur Unklarheit über die Bedeutung des Todes – viel auffälliger ist die Unklarheit darüber, worin denn eigentlich der Sinn des Lebens besteht, welche Ziele man erreichen und wie es zu leben sein soll. Dies ist übrigens auch der Grund dafür, warum viele Atheisten häufig einen starken Hang zum Zynismus haben: Sie haben den Glauben an Gott durch einen anderen Glauben ersetzt: den an die Sinnlosigkeit der menschlichen Existenz.

Das war nicht immer so: Gerade in der Folge der Aufklärung und der damit voranschreitenden Säkularisierung kämpften viele Menschen gemeinsam um Werte wie Freiheit und Gerechtigkeit, um Wissen und Fortschritt und gaben somit ihrem Leben auf zutiefst irdische Art und Weise einen Sinn, dessen Wirkung weit über die Sphäre des jeweiligen Individuums hinausging. Mehr noch: Für die Ideale der Aufklärung opferten viele Menschen ihr eigenes Leben und verliehen damit nicht nur ihrem Leben, sondern sogar ihrem Tod einen irdischen, menschlichen Sinn. Das Sich-Opfern für eine gute Sache oder auch nur für einen anderen Menschen ist der Stoff, aus dem Tausende Heldenschicksale entstanden sind, sowohl in Weltliteratur als auch in Weltgeschichte. „Carpe diem" kann also auch bedeuten, sich für etwas zu opfern, das größer ist als man selbst, und dadurch den nächsten Tag nicht zu erleben.

Mit einer solchen Art der Sinnfindung tun sich die Menschen im Zeitalter von „Carpe diem 2.0" schwer: Der weit verbreitete Zynismus gegenüber der Gegenwart und der Zukunft der Welt und der Menschheit macht die positive Beantwortung der großen Sinnfrage zu einer schwierigen (und häufig auch einsamen) Angelegenheit. Die modernen Helden sind nicht mehr die glorreichen Kämpfer für das Gute, sondern die Opfer des Bösen – oder die Opfer derjenigen, die für sich reklamieren, für das Gute zu kämpfen, aber das Gegenteil bewirkten.

Der Niedergang des Vertrauens in den Menschen, in den Fortschritt und die Zukunft hinterlässt eine ideelle Leere, wenn es darum geht, für sich oder gemeinschaftlich zu klären, was wichtig ist und worauf es ankommt. Vielen erscheint das Leben heute als eher bedeutungslos und sinnlos – sogar das eigene: Kaum jemand sieht sich selbst als einen Bestandteil von etwas Größerem, für das es sich zu leben und zu kämpfen, geschweige denn zu sterben lohnt. Und da am Ende des Lebens keine Aussicht auf ein wie auch immer geartetes Weiterleben besteht, hat auch der Tod keinerlei positiven Sinn. Der Trend, ausgerechnet diesen sinnentleerten Tod, gewissermaßen als Ergänzung zur irdischen Belanglosigkeit, stärker im Alltag „zum Thema machen" zu wollen, ist wohl eine morbidesten Ausprägungen des heutigen Zeitgeistes: Für diesen macht weder das Leben noch das Sterben wirklich einen Sinn!

Vom Lifestyle zum Deathstyle

Wie stark das heutige Bedürfnis ist, sich über die Auseinandersetzung mit dem Tod zumindest ein bisschen mehr Klarheit über das Leben verschaffen zu wollen, zeigt sich allein schon an der Beliebtheit von Sterbe-Literatur: Titel wie „Über das Sterben: Was wir wissen. Was wir tun können. Wie wir uns darauf einstellen", „Die sieben Geheimnisse guten Sterbens", „Von der Chance, wesentlich zu werden. Reflexionen zu Spiritualität, Reifung und Sterben", „Hinübergehen: Was beim Sterben geschieht. Annäherungen an letzte Wahrheiten unseres Lebens", „Erfülltes Leben – würdiges Sterben", „Noch mal leben vor dem Tod: Wenn Menschen sterben" oder „Die fünf Geheimnisse, die Sie entdecken sollten, bevor Sie sterben" und viele weitere mehr bedienen den Bedarf an Unterstützung und Rat zum Umgang mit Leben und Tod.

Dass der Tod als Thema im Leben und Denken der Menschen tatsächlich ankommt, offenbart auch die wachsende Akzeptanz und Beliebtheit der sogenannten „Death Cafés". Hier treffen sich wildfremde Menschen bei Kaffee und Kuchen, um sich ganz ungezwungen über das Thema Tod auszutauschen. Das erklärte Ziel der Initiative ist es, „sich des Todes bewusster zu werden und auf dieser Basis Menschen zu helfen, das Beste aus ihrem (endlichen) Leben zu machen". „Death Café" ist als ein nicht-religiöses Non-Profit Franchising-System organisiert: Jeder Café-Besitzer auf der Welt, der sich dem Leitsatz anschließt, kann ein „Todes-Café" veranstalten und es auf der Website der Initiative bewerben. Die Idee kommt an: Im Juli 2014 freuten sich die Initiatoren darüber, knapp drei Jahre nach Gründung bereits die Marke von 1.000 Death Cafés weltweit, davon rund 300 in Europa, übertroffen zu haben. In Deutschland gibt es ähnliche Initiativen, und die Veranstaltungen heißen beispielsweise „Café Tod" oder „Café Totentanz". In Großbritannien, in der Schweiz und in Frankreich erfreut sich das Franchise-Angebot ebenfalls wachsender Beliebtheit.

Ich weiß aus eigener Erfahrung, dass nach dem Verlust eines geliebten und vertrauten Menschen das persönliche Bedürfnis groß ist, mit jemandem darüber zu sprechen und nicht allein zu sein. Und ich bin mir auch der Tatsache bewusst, dass trauernde Menschen, die niemanden zum Reden haben, es noch schwerer finden, das Erlebte zu überwinden. Dass es für diese Menschen eine Option darstellen kann, Austausch in einer Gruppe Fremder zu suchen, ist nachvollziehbar.

Dies allein ist aber nicht das Kennzeichnende an dem beschriebenen gesellschaftlichen Trend: Interessanter ist die inhaltliche Verknüpfung aus der nunmehr nicht mehr privaten, sondern öffentlichen Beschäftigung mit dem Tod, der darauf fußenden Suche nach spiritueller Lebenshilfe und der so geschaffenen Erfahrung von menschlicher Solidarität. Vielen Menschen gilt heute der Tod in all seiner Sinnlosigkeit als eines der wenigen Themen, das alle gleichermaßen betrifft. Die Erkenntnis der Endlichkeit des Lebens gewinnt so eine neue Bedeutung: Der Tod wird zu einem sinnstiftenden und die Menschen vereinenden Fixpunkt für das Leben in einer Welt, die so wahrgenommen wird, als könne man in ihr kaum noch gemeinsamen Erfahrungen machen, kaum gemeinsamen Interessen formulieren und daher auch kaum positive und gemeinsame Zukunftsperspektiven entwickeln. Die Sichtweise, es gäbe letztlich nichts Menschlicheres als den Tod, ist wohl die traurigste Einschätzung, zu der ein Mensch gelangen kann.

Entwertung des menschlichen Lebens

Ich persönlich halte das populäre Ansinnen, über eine Auseinandersetzung mit dem Tod den Sinn des Lebens zu entdecken, bestenfalls
für ein eindeutiges Indiz für die Morbidität des aktuellen Zeitgeistes,
schlimmstenfalls für einen untrüglichen Hinweis auf die persönliche
Angst davor, dem eigenen Leben selbst einen Sinn zu geben. Nicht
im Traum würde es mir einfallen, meine Existenz damit „anzurei-
chern", über meinen Tod zu sinnieren oder ihm einen angemessenen Platz in meinem Leben einzuräumen. Das gesellschaftlich akzeptabel werdende Sich-Vorbereiten auf den Tod und seine Eingemein-
dung in das Leben sind starke Anzeichen dafür, dass nicht eben wenige Menschen den Wert ihres Lebens nicht zu schätzen wissen und
sich die Neigung Bahn bricht, es durch eine zusätzliche Bedeutung
aufzuladen. Dass es hierzu ausgerechnet der Sicht-Bewusst-Wer-
dung der eigenen Endlichkeit zu bedürfen scheint, offenbart viel
Leere und viel Morbidität im gegenwärtigen Denken.

Die aus dieser Leere erwachsende Entwertung des menschlichen
Lebens schlägt sich bereits in öffentlichen Diskussionen nieder. In
Großbritannien etwa wird seit Monaten heftig über das „Recht zu
sterben" („the right to die") gestritten. Ursprünglich im Zusammenhang von Sterbehilfe für Schwerstkranke diskutiert, die den Freitod
nicht mehr eigenständig herbeiführen können, ufert die Debatte
mittlerweile aus. Schon wird diskutiert, ob man nicht auch lebens-
müden und kranken Jugendlichen diese Hilfe ebenfalls angedeihen
lassen sollte. Die Sterbehilfeindustrie ist eine Boombranche, zumindest auf der Ebene der öffentlichen Moral.

Die Philosophin, frühere Regierungsberaterin und Mitglied des
Oberhauses des britischen Parlaments, Baroness Helen Mary War-
nock argumentierte schon im Jahr 2008, dass unter Demenz leidende Patienten die Ressourcen des Gesundheitssystems verbrauchten,
die anderweitig gebraucht würden. Sie ging sogar soweit, ab einem
bestimmten Punkt von der moralischen Verpflichtung zum Sterben
zu sprechen. Äußerungen, in denen die Legalisierung der Sterbehilfe

u.a. mit der Begrenztheit von gesellschaftlichen Ressourcen, der Alterung der Gesellschaft sowie mit der generellen Frage nach dem Sinn des Lebens verbunden wird, häufen sich. Die Relativierung und Entwertung des menschlichen Lebens hat an Fahrt aufgenommen. Die im Frühjahr 2013 bekannt gewordene Entscheidung eines 83-jährigen Briten mit einer beginnenden Demenz, sich bei Dignitas in der Schweiz zu töten, feierten Sterbehilfe-Sympathisantenorganisationen angesichts des „ausufernden Ressourcenbedarfs in alternden Gesellschaften" als einen „rationalen moralischen Akt" sowie als „eine letzte altruistische Geste". Die Konsequenzen der wachsenden Ambivalenz gegenüber dem menschlichen Leben werden deutlicher. Das Lebenswerte wird vermessen, bewertet und dadurch letztlich verhandelbar. Vor diesem Hintergrund klingt der hedonistische Aufruf, jeden Tag zu genießen, als sei er der letzte, noch dringlicher – und noch menschenverachtender.

Der Leitsatz „Carpe diem" steht in seiner eigentlichen Bedeutung für die unbändige menschliche Sehnsucht nach Sinn und Schönheit. „Macht etwas Außergewöhnliches aus Eurem Leben", impft Keating im eingangs beschriebenen Film seinen Schülern ein. Er fordert sie auf, jetzt mit dem Leben zu beginnen und dadurch die eigene Existenz zu transzendieren und Spuren zu hinterlassen. Den Tod versteht Keating als den Moment, bis zu dem jeder Tag zu nutzen und das Leben und die Schönheit in vollen Zügen aufzusaugen ist, bevor einem danach nichts anderes mehr bleibt als sich die „Radieschen von unten" anzusehen.

Der heutige Zeitgeist hingegen hat nicht nur ein Problem mit der Übernahme von Verantwortung für das eigene Leben und dem Ringen um persönliche Freiheit, sondern auch mit dem Hinterlassen von Spuren und der Vorstellung, das Leben eines Menschen könnte weit über ihn hinaus positive Wirkung entfalten. Seine lebensmüde Interpretation von „Carpe diem" reduziert das Zukunftsverständnis des Menschen in letzter Konsequenz auf das einer Eintagsfliege. Und dafür habe ich wirklich noch zu viel vor.

Baukasten für eine neue Vertrauenskultur

Nichts kann den Menschen mehr stärken als das Vertrauen, das man ihm entgegenbringt.

Adolf VON HARNACK, Theologe

Vertrauen ist das Abschaffen unserer ständigen Kontrolle der Mitmenschen.

Damaris WIESER, Lyrikerin

Am Beginn dieses Buches stand die Frage, was überhaupt eine Zeitgeisterjagd sei und warum man auf eine solche gehen sollte. Anschließend wurde an zahlreichen konkreten Beispielen aufgezeigt, wie ein solches Denk-Abenteuer aussehen und ausgehen kann. Dem Zeitgeist wurde in unterschiedlichsten Zusammenhängen auf den Zahn gefühlt. In wie viel verschiedenen Gewänder er sich auch verhüllt – in der Gesamtschau offenbart sich sein inhaltliches Prinzip: Es besteht in einer sich immer weiter ausbreitenden Misstrauenskultur, die nicht nur in nahezu allen Bereiche des gesellschaftlichen und privaten Lebens einsickert, sondern sich auch immer grundlegender gegen jede Form der Menschlichkeit und des Menschseins in Stellung bringt. Diese Kultur basiert auf dem Misstrauen gegenüber der menschlichen Fähigkeit zu wissen und zu verstehen, sich zu entwickeln, sinnvoll zu handeln, sich zur Wehr zu setzen, etwas zu gestalten, zu verändern und zu überwinden, über sich hinauszuwachsen, Maßstäbe neu zu setzen, Grenzen zu verschieben und dabei doch (oder gerade dadurch) Mensch zu sein.

Natürlich funktioniert dieser Zeitgeist nicht so, dass wir überhaupt niemandem mehr über den Weg trauen. Wir haben auch weiterhin Vertrauen in Menschen, und zuweilen auch in uns selbst. Wir fragen uns nicht ständig, ob der entgegenkommende Autofahrer möglicherweise betrunken oder der Zahnarzt vielleicht sadistisch veranlagt ist. Und natürlich gibt es auch weiterhin höchst ambitionierte und auch erfolgreiche Menschen, solche, die selbstbewusst und anpackend durchs Leben gehen und vor Optimismus und hohen Erwartungen an sich und die Zukunft nur so strotzen. Das alles gibt es, und wir erleben es tagtäglich.

Im trüben Nebel des Zweifels

Aber es geht bei der Zeitgeisterjagd ja auch nicht darum, das Offensichtliche zu benennen, sondern darum, im Verborgenen ablaufende und eben noch nicht überall sichtbare Prozesse aufzudecken. Und dass der Zeitgeist punktuell sehr erfolgreich Misstrauen und auch Zweifel gegenüber menschlichen Ambitionen sät, steht außer Frage: Das zeigt sich beispielsweise in der Art und Weise, mit der die Gesellschaft auf sehr selbstbewusste und erfolgreiche Personen reagiert: Natürlich werden diese auch weiterhin von vielen geachtet, bewundert und auch beneidet, aber sie werden eben auch verstärkt hinterfragt mit dem Ziel, sie zu „demontieren", es werden „Haare in der Suppe" gesucht, und es scheint, als ob „Erfolg", auf welcher Ebene auch immer, durch weniger Erfolgreiches relativiert und auf den Boden der Tatsachen zurückgeholt werden müsse, um wieder „menschlich" zu erscheinen.

Sehr deutlich wird dieser Impuls des Relativierens und Einebnens beim Leistungssport: Gebannt und fasziniert schaut die Welt regelmäßig auf den jamaikanischen Sprintstar Usain Bolt und erwartet von ihm Höchstleistungen. Erfüllt er diese Erwartung, beginnt reflexartig der Misstrauensfilm im Kopf zu laufen: Plötzlich mutiert Bolts eben noch erwarteter Erfolg zu einem Indiz dafür, dass irgendetwas nicht mit rechten Dingen zugegangen sein könne, da das konstant sensationelle Leistungsvermögen, dass dieser Ausnahmeathlet zeigt, unmöglich mit dem vorherrschenden Menschenbild, das eher durch Unberechenbarkeit sowie durch Scheitern geprägt ist, in Einklang zu bringen ist.

Ambitionierten und erfolgreichen Menschen schlägt des Öfteren dieses Misstrauen entgegen: Sie gelten als egozentrisch, eingebildet und unsozial, als gierig, erfolgs- und karrieresüchtig, als einfältig und manipulierbar, als gnaden- und rücksichtslos, kurz gesagt: Ihnen werden all die Eigenschaften zugeschrieben, die heute als gestrig gelten. Und wenn sich eine Gelegenheit ergibt, diese Eigenschaften zu diffamieren, so wird sie ergriffen – auch, wenn dafür die Wirklichkeit verbogen werden muss.

So wurden bereits einen Tag, nachdem der frühere Formel-Eins-Rennfahrer Michael Schumacher beim Skifahren schwer verunglückte (Fakten über den konkreten Hergang waren noch nicht bekannt), in (öffentlich-rechtlichen) Medien bereits Vermutungen darüber angestellt, ob es vielleicht seine „Risiko- und Geschwindigkeitssucht" gewesen sei, für die er nun zu bezahlen habe. Dass Schumacher keineswegs riskant oder gar schnell unterwegs, sondern einfach extrem unglücklich gestürzt war, wie sich kurz danach herausstellte, wurde in der reflexartigen Reaktion auf die Ereignisse für eher unwahrscheinlich gehalten – die Berichterstattung beruhigte sich erst später.

Schuld ist kein Standpunkt

Auch in ganz anderen Zusammenhängen finden wir Denkstrukturen, die dem Glauben daran, dass bestimmte menschliche Verhaltens- und Lebensweisen eines Tages von einer höheren Macht „gerächt" werden, Ausdruck verleihen. Wann und wo auch immer beispielsweise eine Katastrophe die Menschen heimsucht, wird nach der menschlichen Verantwortung gefahndet. Lässt sich ein solcher Zu-sammenhang nicht einmal unter größten Anstrengungen und Wirk-lichkeitsbeugungen konstruieren – etwa bei Erdbeben oder Vulkan-ausbrüchen –, so wird gerne auf die alternative Allround-Weisheit „Die Natur schlägt zurück" zurückgegriffen. Zahlreiche moderne wie historische Verschwörungstheorien bauen auf diesem uralten Prin-zip auf. Erstaunlich ist jedoch, wie weit dieses Denken heute selbst in sich modern, aufgeklärt, nicht-religiös und weltoffen gebenden Kreisen verbreitet ist. Das moralische Verurteilen und symbolische Bestrafen der Menschheit steht hoch im Kurs, und die Gründe dafür lassen sich schnell finden bzw. zusammenzimmern. Schließlich ist die Feststellung, dass wir alle irgendwie „schuldig" sind, mehrheits-fähig, auch ohne präzisiert zu werden.

Für die Verbreitung dieses Denkens gibt es viele ganz unter-schiedliche Ursachen auf ganz verschiedenen Ebenen. Sicherlich spielt das Bemühen, sich persönlich von anderen und vor allem von der Masse abzugrenzen, eine große Rolle. Diese Abgrenzung basiert nicht einmal unbedingt darauf, die eigene „Schuld" zu leugnen: Es reicht schon, sie zu verinnerlichen und sich zu ihr zu bekennen. So kann es gelingen, die Ebene rein persönlicher Abgrenzung zu trans-zendieren und Zugang so ähnlich strukturierten Kreisen oder Com-munities zu erlangen.

Doch allein das Streben nach der eigenen Abgrenzung oder nach Selbstvergewisserung erklärt noch nicht die betont „globale" und häufig auf „den Menschen an sich" ausgeweitete Stoßrichtung. Ver-gangene Epochen zeichneten sich durch manchmal sehr viel präzise-re Definitionen dessen aus, von dem man sich abgrenzen wollte: Sie waren häufig geprägt vom klassischen Sündenbock-Denken, vom Stigmatisieren ethnischer, sozialer, kultureller, politischer oder son-stiger Identitäten. Doch gerade altertümliches Sündenbock-Denken, das die klassischen gesellschaftlichen Gruppen ins Visier nimmt, gilt dem heutigen Zeitgeist zumeist als inakzeptabel. Er definiert sich u.a. gerade über die offizielle Ablehnung von Antisemitismus, Ras-sismus, Sexismus oder Homophobie.

Populärer und akzeptabler im Sinne des Zeitgeistes ist es, die eigene Abgrenzung möglichst breit, ja sogar über den vermuteten Gegensatz zu „Mehrheiten" zu definieren; die breitest mögliche Abgrenzung ist die gegenüber „dem Menschen an sich". Und auch, wenn dies widersprüchlich erscheint, da eine Abgrenzung von der eigenen Spezies nie wirklich konsequent sein kann: Sie funktioniert, weil sie dem generellen Gefühl des Misstrauens gegenüber allem und jedem viel Raum bietet, ohne dabei aber, wie bei der klassischen Sündenbocktheorie üblich, eine Gruppe herauslösen zu müssen, der man mehr Vertrauen schenkt.

Anders formuliert: Der Kern des heutigen Zeitgeistes besteht nicht in der gezielten Diskriminierung bestimmter Menschengruppen, sondern in der viel pauschaleren Entwertung und Ablehnung all dessen, was den Menschen und das Menschsein insgesamt ausmacht. Ich weiß nicht, wie Sie das sehen, aber für mich stellt die Sichtweise, dass die Menschheit im Ganzen „ein Krebsgeschwür" sei, gegenüber der Aussage, dass dies nur für Juden zuträfe, keinen Fortschritt dar.

Helfen aus Geringschätzung ist keine Hilfe

Dass das misanthropische Sentiment den Misanthropen selbst mit einbezieht, stellt für ihn keine Barriere dar: Der ohnehin vorhandene Hang dazu, die eigene Identität stärker über das eigene Scheitern, das eigene Leiden und die eigene Ohnmacht anstatt über Erreichtes und die eigene Zukunft zu definieren, liefert die dazu notwendige Selbstentwertung, die aber im Scheitern der „Menschheit an sich" auf eine erträglich niedrige Konzentration verdünnt wird. Dies macht es sogar möglich, sich trotz aller Misanthropie „für die Gesellschaft" einzusetzen.

Beides kann zusammenpassen: So wird beispielsweise das Engagement gegen Entwicklung, Erprobung und Einsatz moderner Biotechnologie mit durchaus ehrenwerten und „menschlich" anmutenden Motiven begründet – und widerspricht ihnen doch im Kern: Denn was gibt es Typischeres für den homo sapiens als den Forscherinstinkt und das Streben nach Erkenntnis und Verbesserung seiner Lebensumstände? Ein weiteres Beispiel für das Nebeneinander von empfundener und auch gelebter Sozialität und tiefsitzender Misanthropie ist das aus dem berechtigten Wunsch, Kinder zu schützen, entstehende Misstrauen von Eltern gegenüber fremden Erwachsenen und insbesondere Männern, die ohne Begleitung einem Spielplatz „zu Nahe" kommen. Der Anfang 2014 von deutschen Politikern geäußerte Vorschlag, Eltern sollten einen „Erziehungs-Führerschein" machen, bedient parallel beide Gefühlslagen: die Zuneigung zu Kindern auf Basis der Annahme, dass Erwachsenen grundsätzlich nicht zu trauen ist.

Je nachdem, welches Themenfeld man betrachtet, ist der misanthropische Zeitgeist unterschiedlich und auch unterschiedlich gut verhüllt. In der Politik der globalen Armutsbekämpfung zeigt er sich etwa in der grundlegenden Standardformulierung, man wolle vor allen Dingen dem Bevölkerungswachstum entgegenwirken. Anders formuliert: „‚Wir' helfen ‚Euch', damit ‚Ihr' künftig nicht mehr so zahlreich seid." Deshalb geht es in der modernen Entwicklungszusammenarbeit auch nicht darum, den Menschen in den armen Regionen der Welt den westlichen Wohlstand zu ermöglichen (der gern verwendete Fachbegriff lautet „aufzuzwingen"), sondern darum, sie davon abzuhalten, dieselben Fehler (hohe Erwartungen an die Zukunft entwickeln) zu machen wie „wir".

Wischt man das ökologische und so populäre schuldbewusste Brimborium beiseite, in das diese Darstellungen gehüllt werden, so ist der arrogant-überhebliche, autoritäre und zynische Charakter dieser „Hilfe" unübersehbar und kaum zu ertragen: „‚Wir' wissen nicht nur, was gut für ‚Euch' ist, sondern ‚wir' enthalten ‚Euch' ‚unseren' Wohlstand aus pädagogischen Gründen gezielt vor, da ‚wir' denken, dass es der Planet nicht verkraften würde, wenn ‚Ihr' ihn auch hättet."

Nicht viel anders sieht es aus, wenn es um das Schlichten militärischer Konflikte und das Aushandeln späterer gesellschaftlicher Strukturen geht: Hier fällt auf, dass der demokratische Grundsatz, Menschen über die Zukunft ihres Landes selbst entscheiden zu lassen, häufig aus Angst vor einem (Wieder-) Aufflammen von fast immer als irrational dargestellten Zwistigkeiten verwässert oder gar ignoriert wird. Auch hier bricht die Tendenz zur Entmündigung ganzer Bevölkerungen durch, die mit dem Argument gerechtfertigt wird, dass sich diese „dort" ohne eine wohlmeinende Fremdherrschaft sofort gegenseitig an die Gurgel sprängen, sie also gewissermaßen kulturell bedingt zu einem eigenständigen Leben in Frieden und Freiheit nicht in der Lage seien.

Die Lage auf dem Balkan ist beispielhaft dafür, wie Misanthropie und Misstrauen das eigentlich menschliche Bedürfnis, anderen zu helfen, ins glatte Gegenteil umkehrt: Im Namen der Friedenssicherung unterhält und kontrolliert die Europäische Union dort seit vielen Jahren politische Entitäten, die eher Protektoraten als souveränen demokratischen Staaten ähneln und die keinerlei Hoffnung bieten, dass sich dies irgendwann zum Positiven ändert. Die dortige Verwaltung hat einen solchen Grad an Korruptheit entwickelt, dass sich Zorn, Hass und Frustration nicht mehr nur zwischen den abgeriegelten Volksgruppen aufstauen, sondern auch zunehmend gegenüber den EU-Verwaltern.

Im Themenfeld der internationalen Beziehungen hat sich für das beseelte Miteinander von Hilfsreflex und ethisch-moralischer Geringschätzung derjenigen, denen man Hilfe zuteilwerden lassen will, in den 1990er Jahren ein eigener Begriff etabliert: Der „Humanitarismus" grenzt sich inhaltlich insofern vom „Humanismus" ab, als dass ersterer zunächst die Gesinnung und Selbstwahrnehmung des Helfenden beschreibt, während letzterer eine Grundüberzeugung darstellt, die den Hilfsbedürftigen rechtlich wie moralisch auf dieselbe Stufe wie den Helfenden stellt. Dass im humanitär beflaggten außenpolitischen Handeln der humanistische Gleichwertungs- und Freiheitsgedanke häufig zu kurz kommt, offenbaren die besagten modernen Protektorate, die unter internationaler Kontrolle der Europäischen Union, der Vereinten Nationen oder sonst wem in ehemaligen Krisengebieten errichtet werden, in bedrückender Deutlichkeit.

Wie in der internationalen „Friedenspolitik", so hat auch in der heimischen Verbotspolitik der misanthropische Zeitgeist hinter der Fassade des „Schützen-Wollens" und des Kampfes gegen Belästigung und Missbrauch ausreichend Platz, um sich auszuleben: Wir leben mittlerweile scheinbar in einer Gesellschaft von Schützlingen: Frauen, Kinder, Nichtraucher, orientierungsbedürftige Wähler, Modernisierungsverlierer und verführbare Kleingeister bevölkern das Land und rufen um Hilfe – und bekommen sie. Nur leider stillt diese Hilfe keinen Bedarf, sondern verstärkt das Gefühl der Unsicherheit und Unselbständigkeit, da alle Situationen, in denen wir uns möglicherweise durchsetzen, beweisen, stark sein könnten oder auch nur mal die Zähne zusammenbeißen müssten, als verbietbare Belästigung und überfordernde Beeinträchtigung des „sozialen Friedens" beschrieben und rigoros ausgemerzt werden.

Menschenkritik ist keine Gesellschaftskritik

In welche Richtung wir auch schauen, in welches Themenfeld wir auch eintauchen: Wir begegnen dem Misstrauen und dem misanthropischen Grundrauschen immer wieder. Mehr noch: Es ist zu einem Organisationsprinzip unserer Welt aufgestiegen: Misstrauen gegenüber der Politik, gegenüber den Wissenschaften und der Technologie, gegenüber der Wirtschaft, gegenüber Ärzten, gegenüber nahezu allen Institutionen und Verbänden, gegenüber Fremden, gegenüber Nachbarn, auch gegenüber Partnern, gegenüber Menschen im Allgemeinen – und auch gegenüber der eigenen Person. Wer das nicht ähnlich fühlt, gilt als Sonderling.

Aber ist denn die Allgegenwart von Misstrauen nicht doch auch berechtigt? Gibt es nicht auch so etwas wie gesundes Misstrauen? Nun, sicherlich gehöre ich nicht zu denjenigen, die alles und jedem sofort glauben – wäre dem so, gäbe ich einen denkbar schlechten Zeitgeisterjäger ab. Selbstverständlich sind Skepsis, Ungläubigkeit und gesundes Misstrauen Grundeigenschaften aufgeklärter Menschen. Doch wenn nicht parallel dazu die Fähigkeit, auch Vertrauen und eigene Überzeugungen zu entwickeln, entwickelt und gepflegt wird, verlieren Skepsis und Misstrauen ihren „gesunden", weil hilfreichen balancierten Einfluss und beginnen, uns zu schaden, sowohl im Zusammen-, als auch im Eigenleben.

Misstrauen gegenüber allem und jedem führt letztlich in die Isolation und zur Apathie, denn es untergräbt systematisch die positive Vorstellung, als individueller Mensch ein aktiver Teil von „etwas Größerem" zu sein, für das es sich lohnt, gemeinsam mit Anderen einzustehen und sich konstruktiv zu engagieren. Begriffe wie „Gemeinschaft", „Gesellschaft" oder gar „Menschheit" tauchen in positiver und unverdächtiger Verwendung im aktuellen Zeitgeist kaum noch auf. Zwar wird es niemals gelingen, dem Menschen seine soziale Grundausrichtung gänzlich abzutrainieren, aber dennoch ist die heutige menschliche Sozialität durch eine hohe Dosis an Zynismus und Misanthropie getrübt.

Besonders deutlich wird dies, wenn man die modernen Formen gesellschaftlichen Engagements und Protests einmal genauer betrachtet: Bei den meisten stehen nicht unmittelbar menschliche Interessen und Bedürfnisse, sondern im Gegenteil das Ziel im Zentrum, bestimmte Bereiche vor dem schädlichen Einfluss von Menschen und ihren Interessen zu bewahren. Nichts ist heute populärer als der Einsatz für Unpersönliches, Sprachloses, sozusagen „Unmenschliches": Viele Menschen engagieren sich lieber im Namen des Planeten und der Natur, im Namen unentdeckter Spezies und ungeborener Generationen als für konkrete menschliche Belange. Je höher die misanthropische Dosis, desto stärker kann sich dieses Engagement auch direkt gegen Menschen und Gesellschaft richten.

Die fließenden Übergänge etwa zwischen Tierfreunden, Tierversuchsgegnern und militanten Tierrechtsaktivisten zeigen die Abstufungen. Ähnliche Übergänge finden sich in nahezu allen Bereichen, in denen heute Engagement stattfindet: im Umwelt- und Klimaschutz, im Feminismus oder in Protesten gegen den „globalen Finanzkapitalismus".

Dies ist eine zentrale Eigenheit des heutigen Zeitgeists: Die Wahrscheinlichkeit, dass moderne „politische" Radikalität im Denken und Handeln an eine hohe Konzentration misanthropischer Überzeugungen gekoppelt ist, ist größer als die, dass es sich um menschenfreundliches und humanistisches Engagement handelt. Da Gesellschaftskritik zu Beginn des 21. Jahrhunderts nicht mehr in einem Spannungsfeld verschiedener, miteinander konkurrierender sozialer Organisationsformen oder verschiedener politischer Entwürfe gesellschaftlicher Ordnungen stattfindet, wird sie auch nicht mehr an konkreten Strukturen oder Prinzipien des gesellschaftlichen Funktionierens festgemacht. Sie nimmt stattdessen immer häufiger die Form einer sehr grundlegenden, fast schon un- oder antipolitischen – und damit auch antidemokratischen und elitären – Zivilisations- oder Menschenkritik an.

Derart ungefiltert und unfokussiert schlägt sich dieser Zeitgeist auch im Denken und Fühlen des einzelnen Individuums nieder. Geprägt von niedrigen Erwartungen an die Welt, an die Menschen und an einen selbst und weit entfernt von jeder konstruktiven inhaltlichen Kanalisierung von negativen Erfahrungen bleibt dem Individuum kaum mehr als der weitere Rückzug in private Welten, in die Abschottung sowie in die zynisch-passive Opferrolle. Aus dieser Position heraus werden persönliche „Schicksalsschläge" wie etwa der Verlust des Arbeitsplatzes oder der Wohnung, das Zerbrechen von sozialen oder persönlichen Beziehungen oder aber eine Erkrankung fast schon instinktiv als Belege für die eigene Machtlosigkeit angesichts der Schlechtigkeit der Welt interpretiert.

Im aktuellen Zeitgeist hat das Verantwortlichmachen „der Gesellschaft" für alle möglichen Probleme und Missstände System und

Methode: Wenn ich nicht nur den Anderen misstraue, sondern auch mir selbst, dann ist es sinnvoll, die Verantwortung für Rückschläge nicht bei mir selbst zu suchen, sondern sie auszulagern, wohin auch immer. Die logische Weiterentwicklung des Misstrauens gegenüber allen und einem selbst besteht in der Weigerung, selbst Verantwortung für andere und auch für das eigene Leben zu übernehmen. Es ist dieses manchmal auch nur indirekte und unbewusste „Outsourcing" von Verantwortung an „die Gesellschaft" und ihre Repräsentanten und Institutionen, das vielen staatlichen Kontroll-, Regulierungs- oder Überwachungskonzepten überhaupt erst den Boden bereitet.

Es mag paradox klingen: Aber die hohe Popularität der heutigen Gesellschaftskritik hat in vielen Bereichen einen sehr stabilisierenden Einfluss auf die soziale Ordnung: Denn sie ist eigentlich nur vordergründig Gesellschaftskritik, tatsächlich ist sie Menschenkritik. In den meisten Fällen mündet sie gerade nicht in die Forderung nach mehr eigenhändiger Verantwortungsübernahme durch die Menschen, sondern sie gipfelt fast regelmäßig in der Forderung nach einer noch weiter verschärften oder noch engmaschigeren Regulierung diverser Lebensbereiche. Das erklärt auch die zuweilen überraschende inhaltliche Nähe zwischen politischen Vertretern des Staates und Protagonisten der „radikalen" Menschenkritik.

Vertrauen ist ansteckend

Wie kann man als Individuum aus dieser scheinbar unentrinnbaren Misstrauensspirale des aktuellen Zeitgeistes ausbrechen? Mein Vorschlag ist: Werden Sie selbst zum Zeitgeisterjäger! Je öfter Sie selbst eine Kerbe oder Delle in die aalglatte zynisch-misanthropische Oberfläche des Zeitgeistes schlagen, je häufiger Sie ihn entlarven, desto sichtbarer wird er und desto mehr Sicherheit und Halt gewinnen Sie selbst. Sich ernsthaft mit der Welt und den Menschen auseinander-

zusetzen und nicht immer dem missmutigen Mainstream hinterher-
zulaufen, hilft dabei, die Welt besser zu verstehen. Und je besser
man sie versteht, desto schneller fliegt die Tarnung des Zeitgeistes
auf.

Anstatt auf ewig ein Getriebener des Zeitgeists zu bleiben, können Sie den Spieß herumdrehen und selbst zum Zeitgeisterjäger
werden! Wenn der Mangel an Vertrauen und an Bereitschaft, Verantwortung zu übernehmen, das zentrale Grundübel ist, dann muss
man diesem Vertrauensmangel Vertrauen und Verantwortungsübernahme entgegensetzen. Ich muss also versuchen, für mich eine
Kultur des Vertrauens und der Übernahme von Verantwortung zu
entwickeln, die möglichst auch auf andere Menschen ausstrahlt und
ansteckend wirkt. Jeder kann das.

Mit „Vertrauenskultur" ist keine blinde Blauäugigkeit gemeint, in
der man sich die Welt zurechtbiegt und ihre Schattenseiten ausblendet. Im Gegenteil, es bedeutet sogar, sich gerade den Schattenseiten zu widmen und sie möglichst genau zu kennen, um auf dieser
Grundlage zu versuchen, die Welt anders zu sehen, mehr aktiv zu
vertrauen und zu riskieren, als man es in der Welt des Misstrauens
gewohnt ist. Schon der bloße Vorsatz, nicht mehr nur die Schattenseiten zu sehen und sich von dem misstrauischen Mainstream nicht
einfangen zu lassen, sondern stattdessen wildfremde Menschen so
freundlich zu behandeln, wie man selbst gern behandelt werden
würde, erzeugt beachtliche Wahrnehmungseffekte. Schnell wird
deutlich, wie misstrauensbeladen man eigentlich durchs Leben geht.
Und auch, wenn es natürlich nicht immer gelingt, es ist dennoch interessant und auch aufmunternd zu erleben, wie die Menschen darauf reagieren, wenn ihnen Vertrauen entgegengebracht wird und
sie ernst genommen werden.

Vertrauen in andere Menschen ist ohne Vertrauen in sich selbst
nicht zu haben – und andersherum! Beides kann eigentlich nur
gleichzeitig entwickelt werden. Ein offener und vertrauensvoller
Umgang mit Menschen scheint mir der beste Weg zu sein, sich und
andere dazu zu ermutigen, sich selbst ernst zu nehmen und von der

Misanthropie zu befreien. Die Samen einer neuen Vertrauenskultur kann jeder selbst sähen, in dem er sich und sein Umfeld kontinuierlich darin bestärkt, eben nicht in die passive Rolle des Opfers zu verfallen, sondern Entscheidungen selbst zu fällen und zu verantworten. Es ist nichts dagegen einzuwenden, sich in verschiedenen Bereichen Expertenrat zu holen, schließlich haben wir nicht umsonst die Arbeitsteilung entwickelt. Wichtig ist aber, dabei selbst und zu jederzeit Herr der Lage zu bleiben und sich gegen Bevormundungen jeder Art – gerade auch gegenüber wohlmeinenden – zur Wehr zu setzen.

Den eigenen Frei- und Handlungsspielraum kann man nur verteidigen, wenn man die Freiheit anderer verteidigt. Ein weiterer Schritt heraus aus der Opferrolle besteht daher darin, auch andere Menschen dazu zu ermuntern, durch eigenes wie auch gemeinschaftliches Handeln individuelle Stärke und kollektive Robustheit zurückzugewinnen. Das Spannende daran ist, zu beobachten, wie schnell diese Samen keimen, sobald Menschen erkennen, wie gut es tut, das Leben in die eigenen Hände zu nehmen und dies auch anderen zuzutrauen. Es gibt keine effektivere Waffe gegen die Kultur des Misstrauens als das Pflegen einer eigenen, ausstrahlenden und ansteckenden Vertrauenskultur.

Für die Einen mag das alles lapidar und naiv klingen. Bei all jenen entschuldige ich mich: Sie haben recht, und es tut mir leid, keine kompliziertere Lösung für dieses Problem gefunden zu haben. Es gibt aber weder böse Mächte noch Götter oder Außerirdische, die Menschen am Nachdenken und am Handeln hindern können. Gleichzeitig gibt es aber auch keinen Masterplan, mit dem wir in ein paar Jahren eine globale Kultur des Vertrauens und des Selbstvertrauens aus dem Boden stampfen und anschließend auf dem Tablett servieren können. Für Andere hingegen mag das Verjagen des Zeitgeistes als ein überaus anspruchsvolles Unterfangen erscheinen. Auch Sie haben recht: Es ist anspruchsvoll, denn es entspricht so gar nicht dem Zeitgeist, dem gängigen Misstrauen und dem Auslagern von Verantwortung. Es ist ungewohnt und geradezu kontraintuitiv, sich selbst immer wieder die Frage zu stellen: „Spiele ich eine positive Rolle? Kann ich selbst die Dinge verändern? Handele ich so, wie ich es auch von anderen erwarten würde?" Es ist so eingeübt und beliebt, die Ursachen für Probleme aller Art bei anderen oder ganz allgemein bei „der Gesellschaft" zu suchen! Und es macht das Lamentieren so einfach, da aus dieser unpersönlichen und abstrakten Zuweisung keinerlei Konsequenz gezogen wird! Es macht das Leben so leicht, zynisch und entmutigt zu sein. Und so traurig.

Ob Ihnen mein Vorschlag, selbst zum Zeitgeisterjäger zu werden, nun zu naiv oder zu kompliziert erscheint, bleibt Ihnen überlassen. Aber vielleicht probieren Sie es ja doch einfach mal aus und treten aus Ihrem eigenen Schatten heraus in den Gegenwind. Dem römischen Kaiser und Philosophen Marc Aurel (121-180) wird der Satz zugeschrieben: „Betrachte einmal die Dinge von einer anderen Seite, als du sie bisher sahst, denn das heißt ein neues Leben beginnen." Probieren Sie es, und Sie werden die Ränder des Querstreams und seine Enge zu spüren bekommen! Scheuchen Sie den Zeitgeist aus seinem Versteck und lassen Sie seine Tarnung auffliegen! Und an je mehr Stellen Ihnen das gelingt, desto mehr Bausteine können Sie für den Aufbau einer neuen Vertrauenskultur sammeln. Für diese gibt es keinen Bauplan, das Ergebnis ist offen. Wir können lernen, mit dieser Unsicherheit, die in der Offenheit steckt, zu leben, und wir können lernen, sie zu lieben, denn nur sie ermöglicht Freiheit. Das ist das Ziel dieser Safari: Sie jagt den Zeitgeist und befreit seine Beute: die Freiheit.

Über den Autor

Als Matthias Heitmann (Jahrgang 1971) einmal in der Schule einen Aufsatz über seinen Berufswunsch schreiben sollte und ihm dazu nichts einfiel, riet ihm seine Lehrerin, er solle „weiter nachdenken und dann einfach etwas schreiben". Dabei ist er bis heute geblieben, inzwischen ist noch das öffentliche Reden und Debattieren dazugekommen: Er beschäftigt sich zwar nicht mit Gott, aber mit der Welt und der Gesellschaft im Diesseits, mit der Bedeutung von Politik und der Berechtigung von Politikverdrossenheit, mit dem Zusammenhang zwischen Opfermentalität und Verbotskultur, mit Sport und Moral, mit dem Verhältnis zwischen Frauen und Männern, mit der Aufblähung und gleichzeitigen Entleerung von Kindheit und von Bildung, mit dem Recht auf ein freies und ungesundes Leben, mit dem ängstlichem Mainstream-Denken und der begründeten Zukunftszuversicht.

Schon während des Studiums engagierte er sich bei dem Magazinprojekt „Novo" (heute „NovoArgumente") und lernte, im politischen Gegenwind zur Hochform aufzusteigen. In zahlreichen Publikationen und Foren setzt er sich seither mit den vielfältigen Ausformungen des heutigen Zeitgeistes auseinander, der seiner Ansicht von einem tiefsitzenden Zynismus geprägt ist. Der radikale Humanist fordert gezielt Denkverbote heraus, er konfrontiert seine Leser und Zuhörer mit ungewöhnlichen und inspirierenden Sichtweisen und lädt sie zu gedanklichen Abenteuerreisen — eben zu „Zeitgeisterjagden" — ein.